LES 100 MEILLEURS VINS À MOINS DE 25$

Les Éditions Transcontinental inc.
1100, boul. René-Lévesque Ouest
24ᵉ étage
Montréal (Québec) H3B 4X9
Tél.: (514) 392-9000
1 800 361-5479

Pour connaître nos autres titres, tapez www.livres.transcontinental.ca.
Vous voulez bénéficier de nos tarifs spéciaux s'appliquant aux
bibliothèques d'entreprise ou aux achats en gros? Informez-vous au
1 866 800-2500.

Distribution au Canada
Les messageries ADP
2315, rue de la Province, Longueuil (Québec) J4G 1G4
Tél.: (450) 640-1234 ou 1 800 771-3022
adpcommercial@sogides.com

Données de catalogage avant publication (Canada)
Aubry, Jean, 1955-
Les 100 meilleurs vins à moins de 25$:
une sélection essentielle disponible toute l'année

ISBN 2-89472-276-1

1. Vin - Guides, manuels, etc. I. Titre. II. Titre: Cent meilleurs vins
à moins de 25$.

TP548.2.A923 2005   641.2'2   C2005-941928-8

Révision: Diane Grégoire
Correction: Françoise Côté
Photo de l'auteur: Paul Labelle photographe © 2004
Photos des têtes de chapitre: Jean Aubry
Conception graphique de la couverture et mise en pages:
Studio Andrée Robillard

Imprimé au Canada
© Les Éditions Transcontinental, 2005
Dépôt légal — 4ᵉ trimestre 2005
Bibliothèque nationale du Québec
Bibliothèque nationale du Canada

ISBN 2-89472-276-1

Nous reconnaissons, pour nos activités d'édition, l'aide financière
du gouvernement du Canada, par l'entremise du Programme d'aide
au développement de l'industrie de l'édition (PADIÉ), ainsi que celle
du gouvernement du Québec (SODEC), par l'entremise du programme Aide à la promotion.

Jean Aubry

LES 100 MEILLEURS VINS À MOINS DE 25 $

Les Éditions
Transcontinental

À Jules Roiseux, cet homme qui a donné
aux Québécois le goût de boire sans chichi et de manger
franchement, dont je salue encore une fois l'authenticité
tout comme la gourmandise de vivre, et surtout,
surtout, à qui je sais gré d'avoir partagé cette gourmandise
avec nous, généreusement, humainement.
Un verre de beaujolais avec ça, Jules?

La table
des matières

Édito 9

Comment utiliser ce guide 13

Mes 10 points d'excitation 2006 19

Le petit guide des restos 23

Les meilleurs apéros 2006 39

Les meilleurs mousseux
et champagnes 2006 55
   Les meilleurs mousseux 63
   Les meilleurs champagnes 69

Les meilleurs blancs 2006 77

Les meilleurs rosés 2006 101

Les meilleurs rouges 2006 109

Les meilleurs portos et moelleux 2006 141
   Les meilleurs portos blancs 148
   Les meilleurs portos rouges 150
   Les meilleurs moelleux 159

Les meilleurs spiritueux 2006 167

    Les meilleures grappas 173

    Les meilleures vodkas 175

    Les meilleurs scotchs 176

    Le meilleur whisky d'Irlande 178

    Les meilleures eaux-de-vie de fruit 179

    Les meilleurs brandys 180

    La meilleure eau-de-vie de canne 184

25 vins à plus de 25 $ 185

    Blancs 187

    Rouges 191

La dégustation : mode d'emploi 201

Les trucs et tendances 2006 213

Le calendrier vins et mets 2006 221

La personnalité du vin de l'année 231

Un cellier à votre image 247

Le quiz 2006 255

Le glossaire de l'amateur (les mots) 261

Le glossaire de l'amateur (les cépages) 265

Les livres du vin 279

Index des vins cités 285

Les Australiens ont suivi le plan d'action qu'ils avaient mis au point il y a près d'une décennie et ont réussi leur mission d'expansion et de colonisation des marchés à l'échelle de la planète. Les Espagnols plantent encore et livrent une panoplie de vins modestes mais parfaitement vinifiés, bon marché mais aussi originaux, alors que les Italiens pigent à l'intérieur d'immenses vignobles du sud du pays pour produire des rouges souples, riches, goûteux, bien typés, modernes et peu coûteux. Les Champenois encaissent les bulles comme d'autres les billets de banque, tandis que les Bordelais essaient de garder la tête hors de l'eau avec un stock de vins bien portant, pour ne pas dire ventripotent, dans une France qui essaie de sortir de sa morosité. Bref, à l'aube de l'an 7 du second millénaire, la planète viticole regorge de vins plus que jamais!

Et chez nous? L'intérêt pour le vin n'a pas flanché. La Société des alcools du Québec a même recouvré l'argent liquide dont les mois de grève en fin d'année avaient ponctionné les dividendes. C'est le nouveau PDG, Sylvain Toutant, entré en fonction à la même période, qui doit être aux anges! L'homme poursuit, avec une ferveur qui pourra en dérouter plus d'un, l'exercice de rationalisation entrepris depuis quelques années et qui vise, entre autres choses, à ramener à quelque 500 produits courants (parmi les 1 200 environ actuellement offerts) le tronc commun des vins susceptibles de se retrouver dans toutes les SAQ de la Belle Province. On avait trop de vins : il fallait couper. Je ne suis pas contre, pour autant que le consommateur se retrouve en bout de ligne avec la crème de la crème à l'intérieur de cette catégorie «populaire» dont les prix se situent sous la barre des 25 $. Hélas, c'est encore bien loin d'être le cas !

Pourquoi ? Pour deux raisons. D'abord, par la nature même de la catégorie en question, qui commande des volumes conséquents (présence soutenue et régulière sur les tablettes), un quota annuel de ventes de 350 000 $ et un prix des plus attrayants permettant de cibler le mieux possible le produit dans une fourchette précise. Plusieurs exemples confirment d'ailleurs depuis quelques années ce «repli volontaire» consenti par les producteurs pour se maintenir dans la catégorie : ils ne proposent plus la grande cuvée, mais la gamme du domaine dont le prix et le volume peuvent être assurés. Non pas que le vin soit moins bon – un mauvais vin est de toute façon toujours trop cher payé –, mais c'est autre chose.

La seconde raison, peut-être plus sournoise, tient au fait que le monopole d'État invite dorénavant fortement ses fournisseurs à se mouiller en se dotant d'une enveloppe promotionnelle conséquente (promotion papier, tête de gondole en succursale, marge réduite sur le produit…), utile pour faire la promotion du vin en question. Du coup, une nouvelle équation voit le jour : les grosses structures gérant un imposant portefeuille de marques auront toujours les liquidités nécessaires pour s'assurer d'une visibilité que ne pourront, en contrepartie, s'offrir les petites maisons de vignerons. L'impact sur les prix? Faut pas rêver. Vous en faites déjà les frais, ami lecteur, avec les dernières hausses qui ne relèvent pas nécessairement toutes de l'alignement sur l'euro. Vous achetez et faites rouler la machine à promotion que vous payez et qui, en retour, vous fait… acheter. Le serpent qui se mord la queue? Disons, pour demeurer dans le registre animalier, qu'il y a des petits pingouins de l'autre bout de la terre qui doivent, par les temps qui courent, applaudir bien fort!

Comme les produits courants et ceux inscrits «en continu» constituent l'essentiel de vos achats au quotidien, et à la lumière de la nouvelle culture d'entreprise développée par la SAQ, le guide que vous tenez entre les mains n'avait d'autres choix cette année, et pour celles à venir, que de resserrer les mailles du filet et d'aller droit au but. **L'objectif premier du *Guide Aubry 2006*?** Être le seul guide sur le marché à sélectionner rigoureusement pour vous les 100 meilleurs vins blancs, rosés et rouges vendus sous la barre des 25 $ et offerts toute l'année dans la plupart des succursales de la SAQ. Cet exercice s'est avéré à la fois coriace et exigeant, mais également palpitant, tant il existe de belles bouteilles, même à prix modestes. Cela m'a aussi permis de constater que la crème de la crème ne se trouvait pas nécessairement du côté des meilleurs vendeurs!

De plus, par souci d'équilibre, une sélection actualisée des meilleurs apéros, mousseux et champagnes, portos, moelleux et eaux-de-vie ainsi que 25 bons vins à plus de 25 $ complètent cet ouvrage.

utiliser ce guide

L'éthique

Le *Guide Aubry 2006* est libre de toutes contraintes commerciales et son contenu n'engage que l'auteur en ce qui a trait à la sélection des échantillons et aux commentaires émis. Parmi les vins blancs, rosés et rouges, seuls les 100 vins offrant le meilleur rapport qualité-plaisir-prix au moment de la parution *et* en vente toute l'année sont présents dans ce guide.

La qualité d'un millésime donné est le paramètre d'évaluation de base et le produit n'entrera pas nécessairement dans la compilation de l'édition subséquente, s'il n'a pas la note de passage pour le millésime suivant. Le vin est franc, droit, loyal, marchand et… inspiré? Il se taille déjà une place dans ce guide. Qu'il soit modeste ou de prestigieuse lignée, simple vin de pays ou grand seigneur comme un Château Margaux, un critère essentiel retient mon attention : celui de l'équilibre. Une notion qui coiffe toutes les autres.

J'ai donc privilégié l'harmonie et la complémentarité de produits susceptibles d'agrémenter et de diversifier le plaisir du vin, quelles que soient votre humeur et la saison de l'année. Les prix, scrupuleusement vérifiés au moment de la publication, peuvent néanmoins varier en cours d'année.

La structure

Comme le vin est l'ami intime de la table, je me suis plu à imaginer ce guide comme s'il épousait la chronologie d'un repas. Les apéros, les mousseux et les champagnes se chargeront de la mise en bouche, suivront les blancs en guise d'entrées, talonnés par les rosés, puis par les rouges comme pièces de résistance. Portos et autres moelleux précéderont les spirituelles eaux-de-vie de la finale. Une brève suggestion d'un accord avec l'assiette complète la description du vin en question.

Le classement

Je vous propose un classement par ordre croissant de prix pour chacune des catégories, accompagné du code SAQ correspondant.

L'index, à la fin du guide, vous donne la liste complète des vins cités, par ordre alphabétique.

La notation

L'évaluation puis la notation d'un vin comme d'une eau-de-vie ne se font pas à la légère. L'exercice exige du doigté, pour ne pas dire du goûter. Une approche méthodique, standard et renouvelable est de mise ; les préjugés doivent être laissés au vestiaire, l'objectivité occupant le devant de la scène. Facile en théorie, moins facile en pratique...

Il faut pourtant trancher. Et noter. C'est le mandat que vous me confiez, même si la note en question a moins d'importance que l'information que vous tirez du texte descriptif. Se souvenir que les échantillons retenus cette année l'ont été à la suite d'une sélection draconienne et dans un bassin de choix effectués par le monopole d'État.

Une notation par catégorie ou dans l'absolu?

La notation se fait-elle à l'intérieur de chacune des catégories (chardonnays de Chablis, cabernets sauvignons du Médoc, syrahs d'Australie, etc.) ou de façon plus large, dans l'absolu, en mettant sur le même pied tous les chardonnays, cabernets et syrahs du monde? J'ai coupé le raisin en deux. Il est malaisé, voire injuste, de comparer entre elles des poires et des bananes.

J'ai donc privilégié le système de notation dans l'absolu en me basant essentiellement sur la qualité intrinsèque du produit.

Une notation ordinale ou cardinale?

Grand débat s'il en est un! La notation devrait, à mon avis, venir ponctuer une description aussi rigoureuse que ludique des vins soumis à l'analyse, sans pour autant lui ravir la vedette. Inconfortable à l'idée de quantifier l'expérience sensorielle de la dégustation à l'aide de chiffres (échelle cardinale) en raison de facteurs aléatoires inhérents à l'exercice organoleptique, je préfère, depuis plus d'une vingtaine d'années maintenant, l'approche plus libre, moins «compétitive», mais néanmoins orientée, du système d'étoiles (★) où s'intercalent les demi-classements (1/2).

Ce système est celui qui m'a été enseigné à l'Institut d'œnologie de Bordeaux en 1986 et qui me semble aujourd'hui encore le plus juste par rapport à l'autre mode de notation utilisé professionnellement.

Ainsi, je vous propose:

★	Correct, sans plus
★★	Bien
★★★	Au-dessus de la moyenne
★★★★	Inspiré, s'approche du grand vin
★★★★★	Grand vin

L'instrument de travail

Dans le but de standardiser les dégustations qui se sont échelonnées sur plusieurs mois, tous les vins comme les spiritueux ont été dégustés avec le verre Bordeaux de la série Vinum de Riedel, et cela, aux températures de service requises.

Le code ambiance

Pour être apprécié à son meilleur, le vin a besoin que vous lui réserviez le meilleur moment pour le déguster.

Vous trouverez, en exclusivité dans le *Guide Aubry,* un code ambiance qui vous permettra de lier la véritable nature de chaque vin présenté à ces ambiances qui parsèment le quotidien.

J'en ai déterminé quatre. Les voici :

Amour
L'ambiance est à l'intimité, au rapprochement, avec des vins de texture dont la trame chaude et sensuelle invite à la dégustation par petites touches.

Copain
L'ambiance est au dialogue, à la spontanéité, à la camaraderie, à la fête avec des vins légers, agiles, rebondissants et qui savent délier les langues.

Détente

L'ambiance est ici à la pause, au calme retrouvé, voire à la méditation, avec des vins de mystère, profonds et évocateurs, qui chavirent doucement.

Quotidien

L'ambiance est aux habitudes saines de consommation avec des vins de tous les jours, simples, polyvalents et accessibles. On partage des vins francs et savoureux, susceptibles de satisfaire les goûts de chacun. Voilà des vins qui font l'unanimité.

Le vieillissement des vins

En date de la dégustation, j'enrichis la notation du vin par les indications CT (court terme), MT (moyen terme), LT (long terme), qui permettent de livrer une mesure **approximative** du potentiel évolutif du vin lors de son séjour en bouteille. Dans la grande majorité des cas au sein de ce guide consacré aux produits courants, comme d'ailleurs la majorité des vins offerts maintenant sur le marché, ceux-ci sont à leur meilleur actuellement et ne se bonifieront plus au-delà de la cinquième année.

Sans prétendre être devin, je laisse ici parler à la fois mon intuition et mon expérience de dégustation pour suggérer l'évaluation qui me semble adéquate.

CT Court terme : affinera son plein potentiel à l'intérieur des cinq prochaines années.

MT Moyen terme : affinera son plein potentiel entre la 6e et la 10e année.

LT Long terme : affinera son plein potentiel au-delà de la 10e année.

Les pictogrammes

Indique que le vin pourrait bénéficier d'une mise en carafe.

BONNE AFFAIRE

Met en évidence un vin vraiment pas cher compte tenu de sa qualité.

Point d'excitation accordé au candidat dont la régularité qualitative, le prix demandé et un petit je-ne-sais-quoi l'inscrivent au-dessus de la mêlée dans sa catégorie.

10 points d'excitation 2006

 BLANC **Pinot gris Bodega Jacques & François Lurton 2005**
15,45 $
(page 86)

 BLANC **San Vincenzo Anselmi 2004**
17,05 $
(page 91)

Mes
10 points
d'excitation

 BLANC Chablis La Vigne
de la Reine
Château
de Maligny 2004
24,50 $
(page 100)

ROSÉ Château
Bellevue
La Forêt
2004
14,60 $
(page 106)

ROUGE Château Prieuré
de Bubas 2004
11,25 $
(page 114)

ROUGE Cruz de Piedra
2004
12,10 $
(page 117)

Mes 10 points d'excitation

 ROUGE **Château La Lieue 2004**
13,65 $
(page 120)

 ROUGE **Château des Matards 2003**
15,95 $
(page 124)

 ROUGE **Christian Moueix Merlot 2001**
16,30 $
(page 125)

 ROUGE **Big House Red 2003**
18,50 $
(page 132)

Le petit
guide des restos

Le petit
guide des restos

Il y a au Québec plusieurs bons restaurants où l'on apporte son vin, ce que du reste nous envient bien des Européens de passage. Je vous en propose quelques-uns découverts au gré de mes étapes gourmandes. J'ai aussi joint quelques idées de vins qui s'harmoniseraient bien avec la carte des mets.

N'hésitez pas à pousser le raffinement en apportant vos verres, une pratique qui rehaussera d'un cran votre repas. Il suffit de penser à les rapporter après le dessert!

Par la suite, je vous propose également mes coups de cœur du côté des bons établissements pourvus d'un permis d'alcool.

Mais auparavant, saviez-vous que le restaurant peut aussi être l'endroit idéal pour y conduire vos affaires et que vous pouvez tirer profit de votre passage sur place? Quelques règles sont cependant à respecter dans l'espoir de conclure, entre la poire et le fromage, une entente qui régalera les deux parties. En voici quelques-unes.

Avant d'aller au restaurant

Selon vos proches, vous seriez une personne dotée de la capacité de prévoir. Il y a plus négligeable comme défaut. Une sortie s'annonce avec un client important? Fouinez du côté de son entourage, informez-vous, par exemple, auprès de sa secrétaire ou de ses collaborateurs de ses goûts en matière de vins et, pourquoi pas, de sa date d'anniversaire, pour l'envoi ponctuel d'une bouteille qui saura lui plaire. Non seulement vous disposerez d'un outil original pour briser la glace, mais vous serez en mesure de mieux évaluer le type d'individu que vous avez en face de vous.

Est-il du style classique, conservateur, âpre à la négociation, du genre qui ne laisse rien au hasard (type bordeaux), épicurien, original et généreux dans sa façon de négocier, communicatif mais aussi rusé comme un renard (type bourgogne) ou encore, moderne, efficace et au fait des dernières techniques de mise en marché comme des moindres soubresauts de la nouvelle économie (type vins du Nouveau Monde – Australie, États-Unis et autres vins au profil «international» qui commandent des prix élevés)? Soyez intuitif. Le jeu en vaut la chandelle.

La table comme outil de séduction

Ajoutez le mot «séduction» à la célèbre trilogie «Tout n'est que luxe, calme et volupté» et vous avez là une formule gagnante sur tous les plans. Mais restons calme: la question n'est pas ici de recréer les débordements organoleptiques réunissant autour de la même table la marquise de Pompadour,

Rabelais, Casanova et Nadine de Rothschild. Non. Votre temps est trop précieux. Et votre rectitude, plus politique que poétique. «Autres temps, autres mœurs». Aujourd'hui, le cadre d'un restaurant permet à l'entreprise de «séduction» de vos partenaires d'affaires de s'épanouir tout aussi subtilement qu'efficacement.

Les codes à respecter

Soyez fidèle à quelques restaurateurs triés sur le volet, que vous visiterez alternativement et dont le noble métier est bel et bien celui de «restaurer», dans tous les sens du mot. Des gens chez qui vous vous sentez bien, en confiance.

Premier critère: la séduction de votre invité commence par le choix d'une carte des vins lisible, ordonnée, dans une fourchette de prix variés et, surtout, pourvue d'un choix de vins au verre cohérent et diversifié. Ce dernier point est important, car il vous permet de consommer modérément tout en projetant auprès de vos invités une image liée aux raffinements de la table. Un verre de blanc à l'entrée, par exemple, et un de rouge avec le plat. Assurez-vous de commander une bouteille d'eau en début de repas et ne vous privez pas d'en boire (beaucoup) si vous multipliez les verres… à défaut de bouteilles.

Deuxième critère: à l'heure du lunch, privilégiez les vins «de jour», légers, goûteux et toniques (muscadet, soave, valpolicella, médoc, gamay et cabernet de Loire, etc.), aux vins «de soir», plus corsés et profonds, qui invitent à la méditation (brunello di Montalcino, cabernet de la Napa Valley, rioja, bourgogne, etc.). Votre conversation gagnera en clarté et votre organisme, en légèreté.

Troisième critère: si vos connaissances en matière de vins sont nettement en deçà de vos capacités en analyse boursière, restez humble mais surtout astucieux, et déléguez. Votre restaurateur aura bien sûr à son service une personne-ressource fiable, honnête et discrète qui pourra à tous coups vous tirez de l'impasse et vous faire marquer des points en donnant l'illusion que c'est bien vous qui avez fait le choix du vin. Dans tous les cas, le vin le plus cher n'est pas nécessairement le meilleur; il est souvent préférable d'opter pour celui qui colle le mieux au contexte du repas.

LES RESTOS
« APPORTEZ VOTRE VIN »

Afrique

AU TAROT

500, rue Marie-Anne Est, Montréal

Tél.: (514) 849-6860

Cuisine: marocaine

Rosé: **Château de Nages 2004**
(France, 14,45 $ - 427625)

Rouge: **Perdera Argiolas 2004**
(Italie, 15,85 $ - 424291)

LE PITON DE LA FOURNAISE

835, avenue Duluth Est, Montréal

Tél.: (514) 526-3936

Cuisine: île de la Réunion

Blanc: **Pinot gris Bodega Jacques & François Lurton 2005**
(Argentine, 15,45 $ - 556746)

Rouge: **Torus 2003**
(France, 17,05 $ - 466656)

LES RITES BERBÈRES

4697, rue de Bullion, Montréal

Tél.: (514) 844-7863

Cuisine: algérienne

Rosé: **Domaine du Lys 2004**
(France, 12,55 $ - 10263824)

Rouge: **Hoya de Cadenas Réserve 2001**
(Espagne, 13,05 $ - 978387) ou
Bonal 2003
(Espagne, 9,05 $ - 548974)

UN THÉ AU SAHARA

7, rue Sainte-Ursule, Québec

Tél.: (418) 692-5315

Cuisine: marocaine

Blanc: **Gentil "Hugel" 2003**
(France, 16,95 $ - 367284)

Rouge: **Parallèle « 45 » Jaboulet 2003**
(France, 16,75 $ - 332304)

Amérique Latine

LÉLÉ DA CUCA

70, rue Marie-Anne Est, Montréal

Tél.: (514) 849-6649

Cuisine: mexicaine

Rosé: **Domaine du Vieil Aven Tavel 2004**
(France, 20 $ -640193)

Rouge: **I Monili Pouilles 2003**
(Italie, 10,95 $ - 577684)

Grèce

LE JARDIN DE PANOS

521, avenue Duluth Est, Montréal

Tél.: (514) 521-4206

Cuisine: grecque

Rosé: **Castillo de Liria 2004**
(Espagne, 8,20 $ - 897728)

Rouge: **Château de Valcombe Costières de Nîmes 2004**
(France, 11,50 $ - 279463)

France

À L'OS

5207, boulevard Saint-Laurent, Montréal

Tél.: (514) 270-7055

Cuisine: française

Blanc: **Château de Chamirey Bourgogne 2002**
(France, 36,25$ - 179556)

Rouge: **Pomerol J.P. Moueix 2000**
(France, 30,50$ - 739623)

CHEZ NOESER (Montérégie)

236, rue Champlain, Saint-Jean-sur-Richelieu

Tél.: (450) 346-0811

Cuisine: française/alsacienne

Blanc: **Château Bertinerie Bordeaux 2003**
(France, 16,40$ - 707190)

Rouge: **Chinon «La Coulée Automnale» Couly-Dutheil
2003** (France, 17,50$ - 606343)

CHRISTOPHE

1187, avenue Van Horne, Montréal

Tél.: (514) 270-0850

Cuisine: française

Blanc: **Les Baronnes sancerre Henri Bourgeois 2004**
(France, 26$ - 303511)

Rouge: **Château Reynon Bordeaux 2002**
(France, 26,55$ - 941187)

LA COLOMBE

554, avenue Duluth Est, Montréal

Tél.: (514) 849-8844

Cuisine: française

Blanc: **Chablis Grand Cru Les Clos William Fèvre 2002**
(France, 69$ - 872895)

Rouge: **Château de Nages Cuvée Joseph Torres 2001**
(France, 19,95$ - 567115)

LA RACLETTE

1059, rue Gilford, Montréal

Tél.: (514) 524-8118

Cuisine : française/savoyarde

Blanc: **Marquis de Chasse Bordeaux 2004**
(France, 11,95 $ - 404095)

Rouge: **Château des Jacques Moulin-à-Vent Jadot 2002**
(France, 42 $ - 856054)

LA VIEILLE HISTOIRE (Lanaudière-Laurentides)

284, boulevard Sainte-Rose, Laval

Tél.: (450) 625-0379

Cuisine : française

Blanc: **Macon-Uchizy Thalmard Bourgogne 2003**
(France, 20,95 $ - 882381)

Rouge: **Château Chantalouette Pomerol 1999**
(France, 43,25 $ - 10267964)

LE CHOU DE BRUXELLES (Estrie)

1461, rue Galt Ouest, Sherbrooke

Tél.: (819) 564-1848

Cuisine : d'influence belge

Blanc: **Tokay pinot gris Pfaffenheim 2004**
(France, 16,45 $ - 456244)

Rouge: **Rasteau Cave de Rasteau 2004**
(France, 15,75 $ - 113407)

LE LUPIN (Mauricie)

376, rue Saint-Georges, Trois-Rivières

Tél.: (819) 370-4740

Cuisine : française/bretonne

Blanc: **Château Saint-Martin La Garrigue
Coteaux-du-languedoc 2004**
(France, 18,95 $ - 875328)

Rouge: **Domaine de l'Île Margaux Bordeaux 2002**
(France, 22,80 $ - 043125)

L'ENTREPONT

4622, rue Hôtel-de-Ville, Montréal

Tél.: (514) 845-1369

Cuisine: française

Blanc: **Château de Cruzeau Lurton Bordeaux 2000**
(France, 22,65 $ - 225201)

Rouge: **Creso Bolla 1999**
(Italie, 37 $ - 962175)

LES INFIDÈLES

771, rue Rachel Est, Montréal

Tél.: (514) 528-8555

Cuisine: française

Blanc: **Chardonnay Sterling Vineyards 2003**
(États-Unis, 27,95 $ - 330233)

Rouge: **Châteauneuf-du-Pape E. Guigal 2001**
(France, 59 $ - 349498)

LA PRUNELLE

327, avenue Duluth Est, Montréal

Tél.: (514) 849-8403

Cuisine: française

Blanc: **Menetou-Salon Chavet 2004**
(France, 20,85 $ - 974477)

Rouge: **Réserve Spéciale Barons
de Rothschild Bordeaux 2002**
(France, 20,35 $ - 531517)

LE FLOCON

540, avenue Duluth Est, Montréal

Tél.: (514) 844-0713

Cuisine: française

Blanc: **Pouilly-Fumé P. Jolivet 2004**
(France, 29,40 $ - 10272616)

Rouge: **Château Pelan Bellevue Bordeaux
Côtes de Francs 2000**
(France, 17,45 $ - 710848)

LE P'TIT PLATEAU

330, rue Marie-Anne Est, Montréal

Tél.: (514) 282-6342

Cuisine: française

Blanc: **Les Champs Royaux Chablis William Fèvre 2004**
(France, 22,75 $ - 276436)

Rouge: **Fortant de France Merlot 2004**
(France, 12,05 $ - 293969)

LE POISSON ROUGE

1201, rue Rachel Est, Montréal

Tél.: (514) 522-4876

Cuisine: française, spécialité poisson

Blanc: **Modello Masi 2004**
(Italie, 12,55 $ - 564674)

Rouge: **Château Cluzan Sichel Bordeaux 2002**
(France, 13,60 $ - 608547)

TABLE CHAMPÊTRE LES SAVEURS OUBLIÉES

(Charlevoix)

350, rang Saint-Godefroy (route 362)

Tél.: (418) 635-9888

Cuisine: française du terroir

Blanc: **Saint-Véran Bourgogne Jadot 2002**
(France, 21,95 $ - 597591)

Rouge: **Domaine Haut-Saint-Georges Corbières 2002**
(France, 16,90 $ - 853796)

Italie

PIZZERIA NAPOLETANA

189, rue Dante, Montréal

Tél.: (514) 276-8226

Cuisine: italienne, spécialité pizza

Blanc: **Pino & Toi 2004**
(Italie, 17,80 $ - 10218935)

Rouge: **Dogajolo Carpineto 2004**
(Italie, 18,25 $ - 978874)

Moyen-Orient/Thaïlande/Vietnam

KHYBER PASS

506, avenue Duluth Est, Montréal

Tél.: (514) 849-1775

Cuisine: afghane, spécialité grillades

Rosé: **Château Bellevue la Forêt 2004**
(France, 14,60 $ - 219840)

Rouge: **Carmen Réserve Cabernet Sauvignon 2003**
(Chili, 18,25 $ - 358309)

BAN LAO-THAI

930, boulevard Décarie, Montréal

Tél.: (514) 747-4805

Cuisine: laotienne

Blanc: **Domaine du Tariquet Sauvignon 2004**
(France, 15,10 $ - 484139)

Rosé: **Domaine de Gournier 2004**
(France, 11,10 $ - 464602)

EXTRÊME-ORIENT

411, rue Saint-Vallier Ouest, Québec

Tél.: (418) 523-0909

Cuisine: vietnamienne, cambodgienne, japonaise

Blanc: **Torrontes Privado 2005**
(Argentine, 13,20 $ - 283754)

Rosé: **Santa Rita Cabernet Sauvignon 2005**
(Chili, 12,30 $ - 266502)

LES RESTOS RECOMMANDÉS POUR LEUR CARTE DES VINS

Anise, Montréal

Auberge du Mange Grenouille, Bic, Bas-Saint-Laurent

Auberge Hatley (L'), North Hatley

Beckta, Ottawa

Bistrot à Champlain (Le), Sainte-Marguerite-du-Lac-Masson

Bu, Montréal

Brunoise, Montréal

Café Massawippi, North Hatley

Café Méliès (Le), Montréal

Café Sirocco, Québec

Caprices de Nicolas (Les), Montréal

Casa Minhota, Montréal

Casa Tapas, Montréal

Caves Saint-Joseph (Les), Montréal

Chèvres (Les), Montréal

Chez Margot, Larouche, Saguenay–Lac-Saint-Jean

Chronique (La), Montréal

Cocagne, Montréal

Continental (Le), Montréal

Cube (Le), Montréal

Eau à la Bouche (L'), Sainte-Adèle
Échaudée (L'), Québec
Épicier (L'), Montréal
Express (L'), Montréal

Fenouillère (La), Québec
Ferreira Café, Montréal

Gaudriole (La), Montréal
Graffiti (Le), Québec
Guido le Gourmet, Québec

Holder, Montréal

Il Mulino, Montréal
Il Sole, Montréal

Latini (Le), Montréal
Laurie Raphaël, Québec
Leméac, Montréal

Menus Plaisirs (Les), Laval
Michelangelo, Québec

Mitoyen (Le), Laval

Montée de lait (La), Montréal

Muscadin (Le), Montréal

Orchidée de Chine (L'), Montréal

Paris-Brest, Québec

Paryse (La), Montréal

Petit Extra (Au), Montréal

Pic-Assiette (Le), Fromagerie Hamel, Montréal

Pied de cochon (Au), Montréal

Profusion, Montréal

Pullman, Montréal

Remparts (Les), Montréal

Rib'n'Reef, Montréal

Saint-Amour (Le), Québec

Table Tourigny (La), Georgeville, Cantons-de-l'Est

Tire-Bouchon (Le), Québec

Toqué !, Montréal

Les meilleurs
apéros 2006

Les
apéros

Que ce soit avec le champagne, le rosé, le xérès, le pineau des Charentes, le guignolet, le pastis, le vermouth, le vin doux naturel, le porto blanc, le martini ou une bonne bière froide, l'apéritif est un véritable complot tramé pour délier les langues et réveiller les sucs gastriques. Couleurs, textures, arômes et saveurs sont autant d'œillades pour offrir une batterie d'apéros des plus diversifiés.

Vous les connaissez d'ailleurs tout aussi bien que moi. Qu'ils soient à base de raisins fermentés (vins mousseux, blancs ou rosés), issus de la macération de fruits dans l'alcool (guignolet à base de cerises, sangria à base d'agrumes, etc.), de plantes ou d'épices variées (vermouth, pastis, etc.), qu'ils soient vinés ou mutés comme le porto, le maury ou le banyuls, cuits comme le grand vin de Madère, passerillés comme le vino santo ou encore assemblés en mistelle comme le pineau des Charentes ou le floc de Gascogne, les apéritifs sont de toutes les circonstances, aux quatre coins du globe.

En vedette cette année : le xérès

Pour vous aider à vous y retrouver, je vous propose une brève incursion dans l'univers du plus fameux des vins d'Espagne et du monde, un petit chef-d'œuvre encore trop méconnu en provenance d'Andalousie.

Lever le voile sur le sherry

Xera, ceret, seritium, sherish, xeres, sherry, chéri. Ainsi nommé respectivement par les Phéniciens (700 av. J.-C.), les Romains (200 apr. J.-C.), les Goths (409 apr. J.-C.), les Arabes (711 apr. J.-C.), Alphonse X (1264), les Anglais (1540) et enfin, en 2006, par la Québécoise – «Chéri, tu me ressers un sherry ?» – dont la soif d'approfondir l'expérience unique en son genre du plus original et percutant vin muté de la planète n'a d'égale que la curiosité de savoir quel type de sherry le chéri en question va lui servir. Un fino ou un oloroso ? Un manzanilla ou un amontillado ? Un palo cortado ou un pale cream ? Tout est possible. Même un sensuel et suggestif pedro ximénez (P. X. pour les intimes). Dans ce cas, toutefois, le chéri risque de se retrouver dans de beaux draps. Et madame, elle, chavirée dans de beaux bras. Mais je m'égare, une fois de plus.

Le sherry, c'est la pointe sud de l'Espagne (*Al-Andalus,* ou Andalousie) où Jerez de la Frontera forme, avec les communes côtières de Sanlúcar de Barrameda et d'El Puerto de Santa Maria, le triangle magique d'un vin ici trois fois millénaire. Le triangle idéal, d'ailleurs, pour y résoudre la quadrature du cercle. C'est ce que j'ai tenté de faire pour vous dans cette édition 2006 !

Le sherry? Pas compliqué à comprendre. Seulement des nuances à saisir au départ, mais aussi de ces nuances qui font la grandeur du vin et ajoutent à son raffinement. Car le sherry – ou devrais-je dire les sherrys – est multiple et polyvalent à l'extrême. Du plus sec (moins d'un gramme de sucre au litre) au plus doux (plus de 400 g) en passant par les moyens, les sherrys se savourent au passage, par leur étonnante pluralité de styles, avec les crevettes, huîtres, fromages piquants, viandes rouges, jambons, flans, chocolats et autres salades de fruits frais. Bref, ils brillent avec les tapas comme avec la haute gastronomie à base de curry. Hélas, mille fois hélas, ces bijoux andalous d'un rapport qualité/plaisir/prix imbattable brillent aussi par leur absence sur les tablettes au Québec. J'avoue ne pas comprendre.

Lequel est le vôtre?

Plantons d'abord le décor. La *denominacion de origen* (DO depuis 1933) Jerez Superior couvre aujourd'hui quelque 10 500 hectares (à peu près l'équivalent de l'appellation Beaujolais), où s'enracine majoritairement le cépage palomino fino (auquel s'ajoutent le moscatel et le pedro ximénez) sur une roche calcaire friable blanche appelée *albariza* (alba). Une craie, en quelque sorte, qui permet de retenir la faible pluviométrie (600 millilitres par an) sans fléchir, même sous 300 jours de soleil (les chanceux) et marque le vin de cette droiture unique aux nuances minérales de silex. Et cela, dans les secs comme dans les doux.

Le sherry, c'est aussi, et surtout, une belle histoire de levures. *To yeast or not to yeast?* pourraient d'ailleurs se demander les fameuses souches de *saccharomyces ellipsoidus* locales, responsables du «caractère sherry». Sacrées levures! Microscopiques et très pudiques, c'est en novembre qu'elles voilent en surface la face du jeune vin pour en épaissir le mystère avant qu'il ne file par la suite au vieillissement. C'est ici qu'il faut redoubler d'attention! Parce que c'est ici que se profilent les deux types de vin qui composent la famille sherry.

Premier type: le fino. Toujours sec. Légèrement muté (avec de l'alcool de vin) jusqu'à 15 degrés, le vin conserve son voile de levures qui scelle la surface du vin en contrant toute forme d'oxydation: c'est le vieillissement biologique. Il perd son voile en cours d'élevage? Il devient un **amontillado**, un vieux fino, en quelque sorte. Il nous arrive de la zone côtière de Sanlúcar de Barrameda? C'est un fino de type **manzanilla,** léger et à peine plus iodé. Embouteillés évidemment sans ces levures qui leur servent de protection, ces vins doivent être consommés rapidement (qui s'en plaindrait!), dans leur première fraîcheur.

Second type: l'oloroso. Peut être sec ou légèrement adouci avec du P. X. Muté celui-là à 17 degrés, le vin perd ses levures qui s'intoxiquent sous l'effet de l'alcool: nous sommes en présence d'un vieillissement oxydatif. Se distingue-t-il par une finesse particulière, un surcroît de profondeur et une touche lactique caractéristique? C'est un **palo cortado,** une espèce de croisement entre un amontillado et un oloroso. Rare, cher et paradisiaque, il compte pour seulement 1% de la production. Ménagés par une oxydation encouragée en *botas* (fût de 600 litres) dans les chais bien ventilés, l'oloroso ne se développe plus en bouteille mais y vit éternellement. Comme sa longueur en bouche, d'ailleurs!

Comment c'est fait ?

Élaborer un sherry demande du temps. Beaucoup de temps, de manipulations d'une barrique à l'autre, de dégustations comparatives. Ici, le temps, ce n'est pas de l'argent. Le temps, c'est le mouvement lent du vin qui se sature d'aldéhydes – ces fameux parfums de noix si caractéristiques – au fil de ses nombreux transits dans les *botas*. Nous sommes au cœur d'un système appelé *solera,* un système complexe de vases communicants où se meut le vin, d'une simplicité mais aussi d'une logique implacables. La *solera,* c'est la clé de voûte du sherry.

Imaginez par exemple trois niveaux de *botas* empilés les uns sur les autres, dont le *bota* supérieur (deuxième *criadera*) recevrait le vin jeune de l'année. Imaginez maintenant que vous préleviez le tiers du volume de vin de cette même barrique pour le faire passer dans celui du dessous (première *criadera*), pour ensuite recommencer le même manège avec celui logé à même le sol (*solera*). Il restera toujours un tiers de vin, qu'il faudra bien loger quelque part pour éviter tout débordement : c'est la *saca* ou, si vous voulez, ce volume précis – l'équivalent de 33 % du volume enregistré de vendange selon la loi – qui part en bouteille.

Les deux types de sherry y gagnent : le fino voit ainsi se revitaliser son voile de levures avec un jeune vin de la seconde *criadera* tout en poursuivant son vieillissement de type biologique pendant 4, 5, 6, voire 8 ou 10 ans en moyenne, et du coup, l'oloroso « éduque » le jeune vin en l'assemblant pour un tiers avec les vins plus vieux de la première *criadera* et de la *solera*.

Il n'est pas rare ici de remonter dans le temps lors du vieillissement oxydatif avec des *soleras* qui ont «démarré» il y a plus de deux siècles, en conservant, ne serait-ce que sous une forme homéopathique, ces éléments qui «dynamisent» toujours à leur façon les cuvées en leur conférant un surcroît de profondeur et de complexité. Plusieurs maisons sérieuses assemblent même entre elles différentes *soleras* pour ajouter au dépaysement et au vertige organoleptique. Du grand art, vous dis-je! Et encore une fois, à un prix dérisoire.

Mes choix 2006

Ils ne sont évidemment pas tous disponibles sur les tablettes de la SAQ; c'est pourquoi je vous encourage à les dénicher au cours de vos voyages à l'étranger (à commencer par l'Ontario), car ce sont des bijoux qui valent leur pesant d'or. Voici donc, en vrac, le nom de ces maisons fiables et incontournables que j'aime, ainsi que les sherrys qu'elles commercialisent. À noter que les vins du DO Montilla-Moriles (nord-est de Xérès), fort bien représentés chez nous par la maison **Alvear**, méritent aussi le détour.

HARVEY-DOMECQ. Propriétaire de 1 000 hectares sur les 10 500 de l'appellation, cette maison est connue bien sûr pour son **Bristol Cream** (★★★, CT), mais propose aussi un fino **La Ina** (★★★, CT) plein de sève, un **Amontillado 51-1A** (30 ans et 14 étapes de solera, ★★★★ 1/2, LT), très sec, hautement vertigineux, un **Palo Cortado Capuchino** (★★★★★, LT) provenant d'une auguste *solera* (1790), d'une plénitude absolue, un **Oloroso Sibarita** de 30 ans d'âge (★★★★ 1/2, LT) (avec 2 % de P. X. pour l'arrondir), aux parfums fabuleux, détaillés, paradisiaques, et un **Vénérable P.X.** de 30 ans (★★★★★, LT) (et de 450 g de sucre), d'un gras mais aussi d'une élégance rares. L'un des meilleurs jamais goûtés.

LUSTAU. Voilà une maison dynamique qui monte et dont les vins modernes, typés et d'une qualité d'ensemble inégalée, sont encore trop souvent négligés sur notre marché. Bien sûr, il y a l'exquis **Manzanilla Solera «Papirusa»** (★★★ 1/2, CT), délicat et tendu comme une soie, mais aussi le langoureux **Palo Cortado Almacenista** (ce dernier mot signifie qu'il a été élevé chez un particulier) **Vides** (★★★★ 1/2, LT), l'opulent, le captivant et le profond **Oloroso Emperatriz Eugenia** (★★★★★, LT), aux nuances maltées évoquant un bon scotch bien sec, ou encore cet autre Almacenista en Oloroso «Pata de Galina» (★★★★1/2, LT) de Juan Garcia, très sec, percutant et offrant une impression de volume incroyable et une longueur «top chrono» de… plus de 5 minutes!

WILLIAMS & HUMBERT. Notons le délicieux **Dry Sack Medium Dry** (★★ 1/2, CT), un assemblage montillado-oloroso-P.X., le **Canasta Cream Superior Oloroso** (★★1/2, LT), un sherry baptisé par le fameux P.X. avec ses 134 grammes de sucres résiduels, et qui conserve, derrière sa puissance et son moelleux, une vigueur et une tonicité exemplaires. Pas des plus profonds ni des plus raffinés, mais servi avec soda, une rondelle d'orange et des glaçons, vous ferez un malheur à l'apéro, surtout à moins de 15$ la bouteille! Aussi, de la maison, le notable **Amontillado Jalifa** 30 ans (★★★, LT) et l'excellent **Oloroso Bailen** (★★★1/2, LT), équilibré et passablement complexe.

GONZALEZ BYASS. Il y a plus que le Fino Tio Pepe chez Gonzalez Byass, bien plus. Redevenue entièrement familiale depuis 1997, comptant 450 employés et exploitant près de 10 % en surface du DO Jérez, la maison est un modèle du genre. Les vins sont «propres», inspirés et bien tranchés dans leur style. Qu'il s'agisse du très fin et racé **Amontillado del Duque** (★★★★ 1/2, LT), de l'Oloroso dulce Matusalem (★★★★★, LT), multidimensionnel et profond, de l'excentrique **Palo Cortado Apostoles** (★★★★★, LT), qui allie rondeur, longueur et fermeté, ou du Noé (★★★★, LT), à la fois gras, plantureux et époustouflant par l'ampleur de sa liqueur, les vins intriguent, fascinent et font basculer. *Salud!*

Pale Dry Fino Quinta

8,20 $ les 375 ml
★★★

539007
Espagne / Xérès
Osborne
Cépage(s): palomino fino

Ce fino bien sec fera des heureux partout où l'apéro se pointera le bout de la conversation grâce à son style plus enveloppé, moins «vertical» que le Tio Pepe, et à son goût de pomme mûre relevé d'une pointe de noix fraîche. Un fino vineux qui fera un malheur avec l'anguille fumée, les olives farcies aux anchois, les poivrons doux grillés et les amandes au tamari.

Ambiance Copain

Garde du vin CT

Noilly Prat vermouth sec

12,25$ le litre
★★★

005306
France / Languedoc-Roussillon
Noilly Prat & Cie
Cépage(s): ugni blanc

Ce vermouth est tellement classique qu'il ne se remarque plus. Pourtant, à ce prix, il offre une palette de flaveurs dignes des plus belles aventures sur le terrain, dans la belle garrigue du sud de la France. Une infusion d'herbes secrètement sélectionnées et macérées sur une base de vin blanc sec et neutre qui donne un vin soutenu et intense avec ses notes florales de camomille, d'olive et de noix. Un apéro très classe qui tiendra bien avec les poissons.

Ambiance Copain

Garde du vin LT

Bristol Cream Xérès — 14,25 $ ★★★

215483
Espagne / Andalousie – Xérès
John Harvey & Sons Ltd.
Cépage(s) : palomino fino, pedro ximénez

Un sherry de type oloroso élaboré avec plus d'une trentaine de composants (issus de diverses *soleras*) variant entre 2 et 20 ans d'âge. Du gras, du velouté, de l'onctuosité avec ses 130 grammes de sucres résiduels et son registre complexe de noix, de figue confite et de réglisse. Servez-le à l'apéro avec des amandes grillées sur trois cubes de glace et décoré d'une rondelle d'orange.

Ambiance Amour   Garde du vin LT

La Cuvée du Diable — 15,05 $ ★★★

883876
Québec / Ferme-Neuve
Ferme apicole Desrochers

Belle robe or comme les blés avec arômes puissants de cire chaude et d'épices qui s'ouvrent sur une bouche qui joue le contraste du moelleux, de l'acide, du sucré et de l'amer avec beaucoup de virtuosité. Fini sec sur une finale longue, doucement oxydative. Un hydromel à servir à l'apéro tel un fino bien frais avec des amandes grillées, ou au dessert, avec une part de gâteau aux épices peu sucré. À découvrir !

Ambiance Amour   Garde du vin LT

Fruit défendu Cidre fort perlant

15,65 $
★★ 1/2

733105
Canada / Québec
Domaine Félibre

Plutôt fin avec ses arômes de fleurs de pommier et ses saveurs fruitées franches, fraîches, légèrement perlantes et peu sucrées. Ensemble harmonieux qui laisse la bouche nette et délicatement parfumée après boire. Sa «force» innée lui permet raclette, sushis et bleu Ermite de Saint-Benoît.

Ambiance Copain   Garde du vin CT

Pineau des Charentes Marnier

18,05 $
★★★

155903
France / Charente-Maritime
Pineau des Charentes
Marnier-Lapostolle SA
Cépage(s): sémillon, ugni blanc

Peut-être plus opulent que le Château de Beaulon sans toutefois trahir le pourtour tracé du fruité qui épouse à merveille son milieu naturel en eau-de-vie. Fruits secs, zestes d'orange amère et touche de noix fine sur la finale qui le fait paraître plus sec. Délicieux avec les pistaches salées.

Ambiance Copain   Garde du vin CT

Very Dry Palomino Fino

18,25 $
★★★

242669
Espagne / Andalousie – Xérès
Gonzalez Byass
Cépage(s) : palomino fino

Imbattable à ce prix pour un vin marqué par cinq ans de contact intime avec la flore de Jerez. Un blanc bien sec, aromatique à souhait avec ses nuances de fleur (camomille), de pomme et d'olive verte, mais surtout avec ce mordant typique qui le rend terriblement rafraîchissant. Servir bien frais (8 °C) ou allongé avec deux doigts de *tonic* rehaussé d'un zeste citron.

Ambiance Copain   Garde du vin CT

Pineau des Charentes
Château de Beaulon

18,65 $
★★★

066043
France / Charente-Maritime
Pineau des Charentes
Christian Thomas
Cépage(s) : sémillon, folle blanche

Les pineaux de Christian Thomas se démarquent toujours par leur classe et l'éclat primeur d'un fruité qui sait faire de l'eau-de-vie sa meilleure alliée. Charme, rondeur, fraîcheur et équilibre. Essayez-le avec les sardines grillées et bien relevées ; c'est surprenant !

Ambiance Copain   Garde du vin CT

Carlos VII Amontillado

19,10 $ les 500 ml
★★★ 1/2

884866
Espagne / Montilla-Moriles
Alvear
Cépage(s) : palomino fino

Un grand seigneur dont l'ampleur du discours aromatique et gustatif donne l'illusion d'une douce caresse alors qu'il demeure bien sec, droit, presque « vertical » avec ses flaveurs pénétrantes de noix, d'herbes et d'épices. Un véritable petit mystère mis en bouteille qu'il faudra libérer encore une fois avec les amandes grillées ou une multitude de tapas. Servir autour de 13 °C.

Ambiance Détente   Garde du vin LT

Berger Pastis de Marseille

21,95 $
★★★

035881
France
Berger S.A.

Grâce à sa fonction hautement anisée, ce pastis tonique, vibrant et long en bouche vous accompagne avec beaucoup de conviction vers le repas. S'il étanche la soif, il marie aussi à merveille endives et fenouil braisé.

Ambiance Copain   Garde du vin –

Pineau des Charentes Rémy Martin   24,55 $
★★★

265686
France / Charente-Maritime
Pineau des Charentes
E. Rémy-Martin & Cie
Cépage(s) : ugni blanc, sémillon

La maison installe ici un climat savoureux où la force et la vigueur s'allient à la fraîcheur et à la densité du fruit pour s'exprimer pleinement. Un pineau aux mailles serrées, moins enveloppées peut-être que chez Marnier-Lapostolle mais, en revanche, suaves et fines, structurant longuement le palais. Le servir très frais à l'apéro ou avec une entrée douce mais relevée de pâté aux trois foies.

Ambiance Copain   Garde du vin CT

Pineau des Charentes   25,30 $
Château Montifaud 1997   ★★★★

861609
France / Charente-Maritime
Pineau des Charentes
Château de Montifaud
Cépage(s) : folle blanche, colombard, sémillon

À mon sens, le meilleur exemple de ce que doit être un bon pineau. Il déborde même sur le grand vin moelleux tant la qualité de sa texture, l'émancipation de ses parfums et la profondeur de ses saveurs le démarquent. Moelleux vivant, fin et détaillé qui invite tout naturellement le foie gras poêlé aux raisins muscats confits à fondre de plaisir.

Ambiance Détente   Garde du vin LT

Pineau des Charentes
Château de Beaulon Vieille
Réserve Or 10 ans

29,60 $
★★★★

074633
France / Charente-Maritime
Pineau des Charentes
Christian Thomas
Cépage(s) : folle blanche, sauvignon

Dans ce cas-ci, tout est calculé au millimètre près pour vous faire décoller en douceur, vous porter en état de grâce et… ne jamais vous faire atterrir ! Un blanc moelleux aérien, fin et d'une rare harmonie avec ses saveurs de poires séchées et autres fruits blancs. Transparence et longueur. À siroter frais, toujours sans glaçons dans un verre fin, avec une olive verte… ou deux.

Ambiance Détente   Garde du vin LT

Pomme de Glace

33,75 $
★★★ 1/2

899559
Québec / Montérégie, Saint-Denis-sur-Richelieu
Clos Saint-Denis

Bel or vif, plein et radieux, arômes nets et très purs de pomme avec une fine pointe de noix. Bouche intense, contrastée et vertigineuse sans être liquoreuse, riche en acide malique et pourvue d'une sucrosité qui, harmonieusement, la calme et la rassure. Finale nette avec éclat et franchise sur la pulpe fraîche du fruit que l'on croque et croque encore ! L'un des bons cidres de glace actuellement sur le marché québécois. Essayez-le avec un morceau de cheddar de deux ans d'âge ou une pointe de tarte tatin.

Ambiance Amour   Garde du vin LT

mousseux et
champagnes 2006

Les mousseux et les champagnes

Il y a une part de rêve dans une bouteille de mousseux. L'avaler à grands traits, c'est dissiper une partie de ce rêve que vigneronnes et vignerons ont soigneusement scénarisé à l'ombre de chais et de caves où les levures ont longuement et étroitement fraternisé. Il faut sans hâte en savourer le perlant éphémère, l'amener à faire éclater sa rondeur fragilisée par une bousculade incessante dont le but premier est de chatouiller les joues pour mieux s'élever vers le voile du palais.

Un bon mousseux, c'est ça : jamais agressif, toujours suggestif, il transcende, sans le trahir, le vin qui lui a donné ses ailes. Un mousseux est avant tout un vin, comme tous les vins qui relèvent d'un terroir et d'un climat spécifiques. Seulement, un mousseux est un vin qui a perdu la tête et qui espère faire tourner la vôtre. C'est la raison pour laquelle il faut y aller sagement mais gaiement. Jamais le ventre creux.

Vous n'avez pas terminé la bouteille ? Un bouchon hermétique vendu dans les boutiques spécialisées (voir le chapitre « Les trucs et tendances 2006 », p. 213) se chargera de contenir le gaz carbonique qui lui-même assurera, pour une journée ou même deux, la préservation de l'intégrité de votre mousseux.

Alors pourquoi s'en priver ? Je vous propose, ami lecteur, les meilleurs mousseux offerts actuellement sur le marché. Mais auparavant, un brin de théorie pratico-pratique !

L'équilibre des mousseux

Un vin est gazeux s'il est simplement chargé en gaz carbonique. S'il en est bien saturé, le vin perlera, « moustillera ». Sursaturé avec une légère pression du gaz, il deviendra effervescent puis, dans un ordre croissant de pression à l'intérieur de la bouteille ou de la cuve, sera pétillant puis mousseux, tel un crémant. La sensation tactile se manifestera par un picotement plus ou moins prononcé.

Un vin de base déjà passablement acide donnera l'impression d'offrir une acidité plus forte par la présence de gaz carbonique, renforçant au palais la sensation d'un vin sec. Il est toujours tentant pour un vigneron peu scrupuleux de gommer d'éventuels défauts en dosant royalement son mousseux, assuré que le gaz carbonique lui servira toujours de complice pour maintenir une vive impression de fraîcheur. D'ailleurs, on disait déjà au début du XVIIIe siècle : « Le moussage ôte aux bons vins ce qu'ils ont de meilleur, de même il donne quelques mérites aux petits vins. » Laissons donc aux « coolers » et autres prétentieux prétendants à la bulle le choix de ces douteux équilibres.

Si l'on prête à certains types de vins rouges l'intention de faire de la bulle comme d'autres font la fête – il n'y a qu'à songer aux Lambrusco, Freisa d'Asti, Brachetto d'Acqui, Dolcetto et autres

Barbera del Monferrato italiens qui trouvent à «adoucir» la dureté éventuelle de leurs polyphénols par un dosage plus ou moins important –, le royaume des bulles appartient essentiellement aux vins blancs.

Le plus connu? Évidemment le champagne, au sommet de la hiérarchie qualitative. Il existe bien les sekts allemands, des versions fort réussies de mousseux américains, chiliens, espagnols, australiens ou italiens, mais nul n'a la prétention de produire, comme le champagne, année après année, des vins de base qui trouveront dans l'assemblage des cuvées un argument solide pour déjouer les règles du jeu que lui imposent trop souvent des conditions climatiques pas toujours idéales. La beauté, même fragile, naît souvent de conditions inhospitalières. Si vous avez encore un doute au sujet du grand seigneur de Reims, d'Ay et d'Épernay, souvenez-vous de la tirade de Napoléon (en réalité, de Joséphine): «Je ne veux pas vivre sans champagne. En cas de victoire, je le mérite; en cas de défaite, j'en ai besoin.» C'est Joséphine qui devait être contente! Si vraiment le doute persistait, car vous êtes coriace, eh bien, feuilletez le magnifique livre du Suédois Richard Juhlin, *4 000 champagnes* (voir le chapitre «Les livres du vin», p. 279). Vous allez être servi!

Quand le vin se fait champagne

Pas besoin d'être inspiré comme le chimiste Lavoisier pour affirmer que rien ne se perd ou ne se crée, ni d'être ingénieur chevronné comme les frères Montgolfier pour croire que tout ce qui monte finit éventuellement par redescendre. Même discours en matière de bulles. À l'exception près qu'une fois libérée, la bulle s'emballe et ne trouve plus qu'au zénith de la verticale sa véritable raison d'être qui est aussi, paradoxalement, son chant du cygne. Pour le plus grand vertige de l'homme et de sa bien-aimée.

L'art de la bulle

Comme dans tout autre domaine, la compétition est vive au pays de la bulle. Les Champenois le savent très bien. Le vin de Champagne doit lui aussi revêtir ses plus beaux atours promotionnels pour convaincre et séduire une clientèle sollicitée de toutes parts par d'excellents mousseux issus des vieux pays comme du Nouveau Monde. Il n'y a qu'à songer aux superbes cuvées Roederer Estate, Domaine Carneros de Taittinger ou DVX de Mumm Cuvée Napa, fort populaires au Québec, pour constater à quel point l'amateur se fait un devoir de dénicher la qualité où elle se trouve, c'est-à-dire… dans son verre. Alors cuvées champenoises maigrichonnes, étriquées et sans envergure, si couramment commercialisées par les grandes surfaces françaises (et parfois en promotion au Québec, hélas!), cuvées bradées à bas prix qui égratignent au passage l'image de rêve, de qualité et de prestige du champagne, eh bien, passez votre chemin car vous ne trouverez pas preneur sur le marché québécois. Je suis en ce sens impitoyable. Vous le savez, d'ailleurs. Mais revenons à nos moutons. « Qu'est-ce qu'une bulle ? » me demanderez-vous.

Partant du principe qu'une bulle n'est en fait que l'expression du gaz carbonique résultant, avec l'alcool, de la dégradation des sucres par les levures, la question à se poser est plutôt de savoir pourquoi il y a des différences aussi marquées entre les mousseux. La bulle n'a pourtant ni couleur, ni d'odeur et ne connaît pas les frontières, à ce que je sache ! Il faut d'abord savoir qu'on peut agir sur elle physiquement, en la sculptant en quelque sorte, en variant son milieu naturel par une pression ou une atmosphère différente. Ainsi, un crémant – initialement une production champenoise de pression moins élevée que celle du champagne, soit 3,5 bars minimum, au lieu de 4,5 – sera-t-il moins percutant qu'un champagne et fort différent aussi d'un autre mousseux élaboré en cuve close (où l'on injecte du gaz carbonique). Même son de cloche avec la méthode Charmat qui, elle, troque la seconde fermentation en bouteille pour une seconde fermentation en cuve, traitant de la sorte de gros volumes avec une qualité, vous l'aurez deviné, en deçà de la fameuse méthode champenoise, où la seconde fermentation en bouteille est à l'honneur. Vous me suivez toujours ?

Mais ce traitement «physique» de la genèse de la bulle ne saurait tout expliquer. Trop facile. Les spécialistes du microscopique qui arrivent aujourd'hui à évaluer avec une précision rare le nombre de bulles s'emballant en bouteille (autour de 47 millions, selon le livre *4 000 champagnes,* de Richard Juhlin) remarquent que l'abondance mais surtout la finesse des bulles sont en règle générale garantes de la haute qualité d'un mousseux. Véhicules particulièrement efficaces des arômes et des saveurs du vin, il faut au départ que ces dynamiques transporteurs aient, si vous me permettez l'expression, quelque chose à se mettre sous la dent. Et ce quelque chose c'est… Allez, un peu d'imagination… C'est, eh bien oui ! c'est encore ce foutu terroir ! Car s'il est techniquement possible d'élaborer des mousseux sur tous les continents, il n'en demeure pas moins qu'ils gagnent nettement en personnalité s'ils sont issus de cépages qui jouissent de la parfaite adéquation entre terroirs et, bien sûr, conditions climatiques. Pourquoi maintenant l'«appellation d'origine contrôlée champagne» surfe-t-elle alors avec une telle assurance qualitative sur la mer de mousse mondiale? Tout simplement parce que le champagne est avant tout un vin qui puise aussi sa personnalité unique dans l'assemblage (ou non) de cépages issus d'un terroir spécifique de marnes calcaires, à la limite septentrionale de la culture de la vigne. Le vin combiné à la bulle se révèle alors comme un véritable détonateur de terroir. Tout le miracle est là. Mais pourquoi l'expliquer? Buvons-le!

Petits trucs pour savourer
mousseux et champagnes

▸▸ Jamais sur un estomac creux : la bulle peut être très persuasive pour faciliter le transfert de l'alcool dans le sang.

▸▸ Le champagne n'est pas nécessairement meilleur qu'un mousseux : le mousseux que vous buvez doit refléter vos goûts ! À l'inverse, un champagne ne devrait jamais, mais jamais être seulement ordinaire. En cas de doute, fiez-vous aux grandes marques.

▸▸ Une bouteille de mousseux ouverte peut être conservée deux ou même trois jours, à condition d'être rebouchée avec un bouchon hermétique spécial (moins de 5 $), qui s'accroche agressivement au goulot de la bouteille. (Voir p. 216)

▸▸ Le mousseux se boit et s'accompagne à toute heure du jour et de la nuit. C'est un merveilleux apéritif avec les gougères au fromage, l'ami sincère d'une entrée d'huîtres ou encore, le compagnon idéal d'un carré d'agneau ou d'un poisson fin. Selon sa constitution, il imposera la fête partout. Même sous l'alcôve.

▸▸ Conservez toujours une bouteille de champagne à la maison, couchée au frais et dans l'obscurité la plus totale, pour des événements festifs ou encore inattendus. S'ils ne se produisent pas : provoquez-les. À moins d'aimer le registre oxydatif propre aux vins vieux, buvez vos champagnes dans leur jeunesse. Vous n'avez qu'une vie à vivre après tout. Et c'est maintenant !

LES MEILLEURS MOUSSEUX

Nivole 2004

11,90 $ les 375 ml
★★★

979062
Italie / Piémont – Moscato d'Asti
Michele Chiarlo
Cépage(s) : moscato

Elle perle et mousse encore de toutes ses fibres fruitées, cette gourmandise piémontaise ! Même le *shortcake* aux fraises, les ananas frais épicés de basilic ou les biscuits au gingembre l'adorent. Du sourire en bouteille.

Ambiance Amour   Garde du vin CT

Codorniu Clasico Brut

13,60 $
★★ 1/2

503490
Espagne / Penedès – Cava
Codorniu S. A.
Cépage(s) : chardonnay, parellada

Depuis toutes ces années, je ne me lasse pas de cette cuvée de belle facture, au fruité de pomme sans prétention, spontanée par la vivacité de ses bulles, digeste par sa constitution légère et peu dosée. À offrir sans retenue avec les blinis au saumon et caviar de lompe ou autres huîtres fumées.

Ambiance Quotidien   Garde du vin CT

Domaine de Fourn 2002

18,50 $
★★ 1/2

220400
France / Languedoc-Roussillon
– Blanquette de Limoux
Robert G.F. A.
Cépage(s) : mauzac, chardonnay, chenin

Après le délicieux 2001, toujours sur les tablettes, voilà un 2002 qui fait son apparition avec une approche jovialiste passablement contagieuse ! Car avec son fruité de pomme explosif, ce mousseux léger, peu dosé et très digeste, a de quoi réjouir dans la simplicité, sans tourner autour du pot. Un vin de fête très polyvalent, à cent lieues de ces mousseux insipides et sans caractère. Avec amandes rôties, gougères au fromage ou encore, feuilletés aux champignons des bois.

Ambiance Quotidien   Garde du vin CT

Codorniu Cuvée Raventos Brut

18,90 $
★★★ 1/2

521773
Espagne / Penedès
Codorniu Argentine S. A.
Cépage(s) : chardonnay

Ce qu'il y a de formidable avec cette cuvée Raventos, c'est qu'elle offre, en plus de belles bulles bien rebondies, une formidable énergie fruitée qui ne se prive ni de profondeur ni de richesse. Un excellent mousseux de caractère, au goût de pomme et de brugnon. À servir à l'apéro avec un assortiment de tapas, même les plus relevés.

Ambiance Détente   Garde du vin CT

Sieur d'Arques Brut 2001

19,30 $
★★★

094953
France / Languedoc-Roussillon
– Blanquette de Limoux
Les Vignerons de Sieurs d'Arques
Cépage(s) : chardonnay, mauzac

Difficile d'imaginer que tant de fraîcheur, mais surtout de finesse, peut avoir pignon sur bulles dans ce coin de pays niché au sud de la ville de Carcassonne. Pourtant, ce mousseux tient la route avec une régularité qui m'enchante chaque fois. Nerveux et peu dosé (lire plutôt sec), il offre une plénitude fruitée flirtant avec la pomme et d'autres saveurs liées à un élevage adéquat en cave. Moussez-le à l'apéro avec des beignets de crevettes frits.

Ambiance Amour

Garde du vin CT

Château Montcontour
Cuvée Prédilection 2002

19,70 $
★★★

430751
France / Loire – Vouvray
Château Montcontour
Cépage(s) : chenin

Le 2001 était énergique et fonceur ; ce 2002 est plus courtois mais tout aussi persuasif. Fruité mûr de pomme avec un accent floral et minéral qui traduit bien le terroir de Vouvray, évoluant sur des saveurs fines qui s'emballent pour terminer avec beaucoup de franchise et de droiture. Incontournable. Surtout avec des feuilletés de pleurotes ou de girolles.

Ambiance Copain

Garde du vin CT

Nino Franco Brut

19,75 $
★★★

349662
Italie / Vénétie – Prosecco di Valdobbiadene
Nino Franco SRL
Cépage(s): prosecco

Comment l'oublier celui-là? Toujours une référence quand vient le moment de badiner avec la vie et les amis en s'offrant une bulle légère et crémeuse, merveilleusement spontanée et surtout très accrocheuse, grâce à ce goût unique et original issu du cépage prosecco. Le mousseux idéal pour le brunch du dimanche, avec pain doré badigeonné de confiture ou prosciutto et melon.

Ambiance Copain   Garde du vin CT

Cuvée Flamme

21,85 $
★★★

165100
France / Loire – Saumur
Gratien & Meyer
Cépage(s): chenin, cabernet franc, chardonnay

J'ai toujours aimé la grande sobriété et l'excellente tenue de ce classique de Loire qui se donne presque des airs champenois derrière le crémeux de sa mousse et la richesse texturée de son fruit. Et cela, dans un style qui m'apparaît moins vif, plus enrobé que l'édition précédente. Tiendra bien à l'apéro ou avec un poisson poché légèrement crémé.

Ambiance Quotidien   Garde du vin CT

Prestige de Moingeon

23,00 $
★★ 1/2

871277
France / Bourgogne – Crémant de Bourgogne
Moingeon
Cépage(s) : chardonnay

Un crémant de bel équilibre, peu dosé, développant un fruité de pomme avec une pointe herbacée qui l'avive un peu plus. Ensemble cohérent, tonique et complet, de longueur moyenne.

Ambiance Quotidien

Garde du vin CT

Chandon Blanc de Noirs

24,45 $
★★★

100693
États-Unis / Californie
Domaine Chandon
Cépage(s) : pinot noir, pinot meunier, chardonnay

Jolie robe pétale de rose pâle sur fond de bulles fines et dynamiques, arômes discrets, francs et bien nets de petits fruits rouges sur un ensemble bien constitué, peu dosé, relayant le fruité au premier plan avec beaucoup de panache. Un mousseux fort savoureux dans un style corsé qui saura se défendre avec une entrée de poissons fumés ou une tranche de gigot rosé.

Ambiance Amour

Garde du vin CT

BONNE
AFFAIRE

Roederer Estate   29,35 $
★★★

294181
États-Unis / Californie – Anderson Valley
Roederer Estate
Cépage(s): chardonnay

Cette cuvée m'a semblé beaucoup plus aérienne, plus fine et
dégagée que celle savourée l'an dernier, et elle a toujours ce
«punch» qui place le vin dans de hautes tonalités de fraîcheur.
Il perle et abonde en bulles à la manière d'un asti spumante, mais
sans les sucres, avec des saveurs très fines et crémeuses de
pomme, de foin coupé et d'amande verte. Merveilleusement
équilibré, il a de la classe, à défaut peut-être de longueur en
bouche. Son profil apéritif lui fera préférer les gougères parfumées au basilic ou au romarin.

Ambiance Copain   Garde du vin CT

Du Minot des glaces Cidre   37,50 $
de glace mousseux 2003   ★★★ 1/2

10404826
Canada / Québec
Cidrerie du Minot

Dans quelle catégorie ranger cette tentation? Dans les mousseux,
les liquoreux, les apéros ou les péchés? Ce que je sais, c'est qu'il
ne faut pas le ranger trop longtemps, car ce serait passer à côté
d'une certaine idée du bonheur. Évidemment, la pomme est au
rendez-vous, nette et franche, hautement acidulée et diablement
sucrée avec, pour exalter le tout, une revigorante pointe de gaz
carbonique qui la porte à bout de bulles. Tout nouveau, tout bon.

Ambiance Amour   Garde du vin CT

Bellavista Cuvée Brut 2003 — 40,50 $ ★★★ 1/2

340505
Italie / Lombardie – Franciacorta
Azienda Agricola Bellavista
Cépage(s) : chardonnay, pinot noir

Cette cuvée dégorgée en 2004 ne m'a jamais paru aussi sensuelle et pleine grâce à sa vinosité et à sa fraîcheur de première ! Un mousseux stylé, riche et bien brodé, qui saura lancer l'heure de l'apéritif, mais aussi relancer l'entrée de coquilles Saint-Jacques et autres fruits de mer. Classe indéniable. Une pure soie au palais.

Ambiance Amour   Garde du vin CT

LES MEILLEURS CHAMPAGNES

De Saint Gall — 51,00 $ ★★★
Premier Cru Blanc de Blanc Brut

242209
France / Champagne
Union Champagne
Cépage(s) : chardonnay

Ce Saint Gall m'a paru des plus joyeux cette année avec son profil engageant et un rien folichon qui le destine à toutes les occasions. Mousse nourrie et fruité qui se gobe, se mâche et se mousse amplement sans s'émousser le moindrement. Un champagne passe-partout qui n'est cependant pas dénué de finesse. À l'apéro, avec l'entrée ou encore, avec une madeleine à la main, comme chez Proust...

Ambiance Quotidien   Garde du vin CT

BONNE AFFAIRE

Pol Roger Brut Réserve

54,00 $
★★★ 1/2

051953
France / Champagne
Pol Roger & Cie
Cépage(s) : chardonnay, pinot noir

Avec Pol Roger, j'ai toujours cette impression de marcher sur un nuage tant il file en légèreté et en profondeur, et tant il perle avec fraîcheur. Un grand vin qui allie finesse et vinosité sur une trame liant le fruité originel à une pointe plus assagie issue des vins de réserve. Classe, doigté, précision et gourmandise : un champagne d'esthète. Par exemple, faites-le mousser avec un turbot nappé d'une mousseline aux morilles…

Ambiance Amour   Garde du vin MT

Charles Heidsieck
Brut Réserve

58,00 $
★★★ 1/2

031286
France / Champagne
Champagne P. & C. Heidsieck S. A.
Cépage(s) : chardonnay, pinot noir, pinot meunier

Avec son dégorgement effectué en 2004, cette cuvée mise en cave en 2001 offre déjà une vinosité qui ne manque ni de chaleur ni de texture. Fruité bien développé qui laisse place peu à peu à des nuances plus riches de pâtisserie et d'épices. Bouche enrobée, substantielle et un rien gourmande. Servez-le à table avec les foies blonds sautés ou une viande blanche relevée de champignons de la même couleur.

Ambiance Détente   Garde du vin MT

Pommery Brut Royal 58,00 $
★★★

346106
France / Champagne
Pommery
Cépage(s) : chardonnay, pinot noir, pinot meunier

Avec sa verve et son style habituels, la cuvée Brut Royal de Pommery se taille une bonne place et arrose toutes les occasions, plus spécialement la fête entre copains et copines. Un champagne de jour, dosé ce qu'il faut, savoureusement fruité, bien nourri sans être complexe, et en tous points satisfaisant.

Ambiance Copain   Garde du vin CT

Louis Roederer Brut Premier 59,00 $
★★★★

268771
France / Champagne
Louis Roederer
Cépage(s) : chardonnay, pinot noir

Ce champagne de haute voltige est sans doute celui qui me procure le plus de satisfaction, année après année, quel que soit le contexte. Le style est précis, très racé, détaillant au nez comme en bouche une palette riche et nuancée où le fruité, de belle amplitude, évolue sur une base vineuse et consistante. Pour celles et ceux qui souhaitent vivre l'expérience champagne avec cette espèce de cérémonial qui rend honneur au travail bien fait. Un grand vin de repas à servir avec le foie gras poêlé, un filet de turbot en sauce ou une longe d'agneau aux morilles.

Ambiance Détente   Garde du vin MT

Pommery Brut Apanage

62,00 $
★★★★

875435
France / Champagne
Pommery
Cépage(s): chardonnay

Cet Apanage est un condensé des meilleurs champagnes: une robe chaude derrière les bulles fines et fraîches, des parfums briochés généreux et richement brodés, des saveurs amples, étoffées d'un fruité mûr, qui gagnent en volume et en profondeur, pour finir sur une note plus cristalline avec une impression de merveilleuse légèreté. Excellent champagne en entrée, avec une mousseline de truite ou des coquilles Saint-Jacques doucement poêlées...

Ambiance Amour

Garde du vin MT

Bruno Paillard Brut Première Cuvée

64,00 $
★★★★

411595
France / Champagne
Bruno Paillard
Cépage(s): chardonnay, pinot noir, pinot meunier

Avec son «train de bulles» filant à 50 bulles à la seconde, cette Première Cuvée demeure, avec celle de Roederer, d'un style plus consistant, ma référence en matière de bon champagne à se mettre sous la langue n'importe quand. Un champagne aussi net, précis et distingué que son auteur, Bruno Paillard, dont les cuvées, Nec Plus Ultra (NPU) et autres millésimées, portent la gastronomie à un autre niveau. Encore une fois, synthèse idéale du fruité, de la texture, de la finesse et du volume sur une trame dosée sous la barre des 10 grammes de sucre par litre. De quoi faire la fête 365 jours par année!

Ambiance Amour

Garde du vin CT

Veuve Clicquot Ponsardin Brut

66,00 $
★★★ 1/2

563338
France / Champagne
Veuve Clicquot Ponsardin
Cépage(s) : pinot noir, chardonnay, pinot meunier

Si la cuvée Brut 1998 m'a laissé sur mon appétit en raison d'une certaine austérité d'ensemble, celle-ci, en revanche, me met le mot champagne en bouche sans la moindre équivoque. Elle a encore une fois la tenue et la stature noble qui savent s'imposer avec corps et volume mais aussi avec ferveur, intensité, clarté, et cette générosité dans le propos qui se reconnaît au premier coup de langue. Classique, une fois de plus. Un champagne de repas à l'aise avec un saumon à l'oseille ou une côte d'agneau rosé.

Ambiance Détente   Garde du vin MT

Pommery Brut Rosé

68,00 $
★★★ 1/2

158543
France / Champagne
Pommery S. A.
Cépage(s) : chardonnay, pinot noir

Servez ce rosé dans une coupe à l'ancienne et contemplez la robe, saumonée avec une touche vive cuivrée. Admirez la bulle lente et fine s'ouvrir comme un bouquet de roses roses et humez le parfum de pêche et de fraise mûres : voilà déjà une invitation ! Goûtez à petites doses les saveurs vineuses, amples, généreuses, construites par le fruit rouge, puis mordez : voilà la confirmation ! La suggestion ? Bagel et saumon fumé avec, en prime, fraises fraîches.

Ambiance Copain   Garde du vin CT

Moët & Chandon Nectar Impérial

68,00 $
★★★

509695
France / Champagne
Moët & Chandon
Cépage(s) : pinot noir, chardonnay, pinot meunier

Ce nectar impérial est l'antidote même à la mélancolie, qu'il transforme en pur plaisir de bouche. Avec sa crémeuse sucrosité, son fruité bien léché relevé de nuances mielleuses de pomme et de praline, le tout est parfaitement mis en scène grâce à une acidité juste et mesurée. Une gourmandise à servir sans raison, à l'heure où le jour ferme l'œil ou… ne l'a pas encore ouvert. Pas du tout déplacé avec un feuilleté fourré à la Fourme d'Ambert.

Ambiance Amour   Garde du vin CT

Veuve Clicquot Ponsardin Rosé Réserve 1998

83,00 $
★★★ 1/2

325688
France / Champagne
Veuve Clicquot Ponsardin
Cépage(s) : pinot noir, chardonnay

Robe abricot pâle, bien vivante, arômes ronds, parfumés de fruits à chair jaune avec touche framboisée et pralinée très séduisante. Puis une bouche riche, corsée et bien brodée, abondamment fruitée mais fine, avant une finale relevée, fraîche, presque tannique. Rémanence longue et affirmée sur les fruits jaunes. Un rosé de tenue et de gastronomie capable d'amadouer un bon gigot d'agneau.

Ambiance Détente   Garde du vin LT

Dom Pérignon 1996

191,00 $
★★★★ 1/2

280461
France / Champagne
Moët & Chandon
Cépage(s) : pinot noir, chardonnay

Ce champagne s'adresse aux audacieux, à ceux et celles qui élargissent le spectre de leurs expériences sensorielles pour mieux diffuser la royauté inhérente à ce grand vin. Et aussi pour se faire plaisir. Car ce Dom Pérignon subjugue, il empoigne même. Tranché, altier, vigoureux et intense, il ouvre la perspective, plonge au plus profond et rejaillit là où sa sève le mène, vous mène. Un grand vin de gastronomie, enlevant et surprenant, qui passe d'un palier de saveurs à l'autre sans prévenir.

Ambiance Détente

Garde du vin LT

Roederer Cristal Brut 1999

216,00 $
★★★★★

268755
France / Champagne
Louis Roederer
Cépage(s) : chardonnay, pinot noir

Pas facile de jongler avec l'alphabet, et encore moins avec les lettres C.R.I.S.T.A.L., comme si, du haut de leur transparence, celles-ci voilaient les autres et les condamnaient au silence. En revanche, ce Brut 1999, polyglotte et raffiné, vous les balance en toute impunité : inspirant et inspiré, éblouissant et rassurant, profond et démesuré, il persiste à faire rêver. L'expérience Cristal est unique. Elle commence sur une bulle excentrique, très fine et dynamique, se poursuit sur des arômes floraux qui rapidement basculent vers un caractère plus noble de grillé-praliné, et se termine sur une bouche multidimensionnelle dont la puissance et la vinosité contenue étonnent. Un 1999 très gentleman qui conservera ses bonnes manières pendant plus d'une décennie. Grand vin.

Ambiance Amour

Garde du vin MT

Les meilleurs
blancs 2006

Les blancs

Chaque fois que je leur pose la question, vigneronnes et vignerons me le confirment : il est plus facile d'élaborer un vin rouge qu'un vin blanc. Le rouge aura toujours la couleur et l'épaisseur de ses tanins pour enjoliver le portrait et maquiller les quelques petites imperfections. Pas le blanc. Non seulement on ne badine pas avec le blanc, mais on ne triche pas avec la matière : elle doit être de tout premier ordre. Par exemple, la protection contre d'éventuelles oxydations fait partie du petit cauchemar saisonnier du vinificateur, qui fera tout pour conserver l'intégralité du fruité.

Si l'astuce de certains consiste encore (hélas !) à farder pour mieux vous « beurrer » la bouche avec des boisés à l'emporte-pièce, tout en laissant derrière des vins maigrelets avec de détestables amertumes en finale, il demeure que la majorité des vinificateurs, et surtout des vinificatrices, optent pour l'allègement, la finesse et la transparence en matière de blanc. Mais hormis les concoctions commerciales qui sévissent encore sur nos tablettes, la tendance actuelle marque heureusement un recul sur ces boisés caricaturaux.

Avec la dégustation des blancs, vous aurez affaire principalement à une histoire de texture et de volume où l'interaction basée sur l'équilibre des éléments acides/alcools/sucrosités joue constamment. Idéalement, un degré alcoolique bas (12,5) combiné à un pH équilibré, un fruité mûr élevé sur lies fines (ou non) et un boisé plus que discret révèlent pleinement la finesse d'un blanc. N'hésitez pas non plus, dans le cas des versions élevées sur lies fines, à les passer en carafe comme vous le feriez d'un vin rouge. Généralement, les grands blancs de Chablis, de Graves, de Beaune, de Californie ou d'Australie méritent l'opération, même si ce n'est pas expressément inscrit sur la contre-étiquette.

Sur le plan de la consommation mondiale, et ce, dans pratiquement toutes les régions viticoles, le chardonnay tient encore le haut du pavé, qu'il soit assemblé avec le chenin, le colombard, le terret ou le sauvignon, ou encore, vinifié seul. Un incontournable, donc, mais qui doit aussi trancher grâce à un style précis pour éviter sa banalisation à outrance. Ce sont ces candidats que je vous livre dans ce chapitre tout en mettant aussi, et surtout, l'accent sur une multitude d'autres cépages blancs tels les viogniers, garganegas, rieslings, torrontes, viuras, melons de Bourgogne ou picpouls dont il faut souligner aussi la profonde originalité.

BONNE AFFAIRE

Catarratto Primula 2004

9,95 $
★★ 1/2

606350
Italie / Sicile – IGT Sicilia
Firriato
Cépage(s) : catarratto

La Sicile fait aujourd'hui des vins modernes dans lesquels la technologie tient une grande place, c'est vrai, mais celle-ci assure aussi la diffusion de cépages locaux qui méritent le détour. Ce catarratto en est un. Peu expressif, le vin a de la rondeur, du fruit et une délicate pointe boisée qui souligne le tout. Rien de trop complexe, mais le prix est correct. Essayez-le avec des rouleaux de vignes farcis, une moussaka ou encore un poisson blanc poché.

Ambiance Quotidien — Garde du vin CT

Chardonnay Maison Nicolas 2004

11,50 $
★★

577122
France / Languedoc-Roussillon
– Vin de Pays d'Oc
D. Virginie
Cépage(s) : chardonnay

Ce chardonnay tout simple vous intéressera en raison de la vitalité et de la fluidité de son fruité, ainsi que de sa finale nette revigorée par une touche herbacée. Joli vin d'apéro, avec les olives, les amandes grillées ou la terrine de poisson blanc.

Ambiance Copain — Garde du vin CT

Côtes de Saint-Mont Labriole 2004   12,55 $
★★ 1/2

516773
France / Sud-Ouest – Côtes de Saint-Mont
Producteurs Plaimont
Cépage(s) : arrufiac, petit courbu, manseng

Revigorant que ce blanc sec aromatique et fort bavard avec ses nuances d'agrumes relevés d'une étonnante pointe d'amertume qui dynamise le tout à merveille. Un blanc original susceptible d'avoir une belle conversation avec les crevettes sautées à l'ail ou même, la blanquette de veau.

Ambiance Quotidien   Garde du vin CT

Pinot blanc Deinhard 2003   12,95 $
★★ 1/2

271072
Allemagne / Qualitätswein Pfalz
Deinhard KG
Cépage(s) : pinot blanc

Pur vin de soif mariant douceur et vivacité à la manière d'un riesling, mais avec une approche d'ouverture et de légèreté qui le destine au repas léger, au sandwich au thon, aux soupes tonkinoises et autres petits délires orientaux.

Ambiance Quotidien   Garde du vin CT

Picpoul de Pinet Hugues de Beauvignac 2004

13,00 $
★★ 1/2

632315
France / Languedoc-Roussillon – Coteaux du Languedoc
Cave « Les Costières de Pomerols »
Cépage(s) : picpoul

De la bien belle ouvrage encore une fois, surtout dans un millésime capricieux sur le plan de l'acidité. Plus ample, plus large, c'est vrai, avec une acidité tout juste au niveau, le vin déborde d'un fruité particulièrement attachant et sincère. Un blanc sec d'une authenticité qui ne manque pas de caractère. Offrez-lui le plateau de fruits de mer tout entier !

Ambiance Quotidien   Garde du vin CT

Torrontes Privado Etchart 2005

13,20 $
★★ 1/2

283754
Argentine / Cafayate
Bodegas Etchart
Cépage(s) : torrontes

Une cuvée plus vineuse et plus capiteuse que d'habitude, mais toujours pourvue de ces arômes fragrants d'eau de rose et de muguet, typiques de ce cépage hautement aromatique. Bien sec en bouche, avec un fruité substantiel et une fraîcheur qui lui donne longuement des ailes en finale. Comme on le mentionne sur la contre-étiquette : délicieux avec les sushis, la fine cuisine asiatique et les poissons blancs. J'ajouterais, à l'apéro.

Ambiance Copain   Garde du vin CT

Chéreau Carré Réserve numérotée 2004

13,95 $
★★ 1/2

365890
France / Loire – Muscadet Sèvre et Maine sur Lie
Chéreau Carré
Cépage(s) : melon de Bourgogne

L'expression exemplaire du fruité s'allie en bouche avec la pointe perlante caractéristique pour rebondir de plus belle, avec élégance, légèreté et droiture. L'un des meilleurs muscadets sur le marché québécois. Avec les huîtres, tout simplement.

Ambiance Copain   Garde du vin CT

Rawson's Retreat 2005

14,00 $
★★ 1/2

419242
Australie / Sud-Est de l'Australie
Penfolds
Cépage(s) : sémillon, chardonnay

Difficile de percevoir ici les différences de millésimes puisque le vin offre ses flaveurs habituelles, consistantes, vineuses et bien vivantes, où le fruité exotique s'accroche avec clarté et conviction. N'y cherchez pas la finesse, mais un verre de blanc délicieux à servir avec les poissons relevés aux épices et à la tomate, comme dans la savoureuse cuisine méditerranéenne.

Ambiance Quotidien   Garde du vin CT

Château du Cléray 2003

14,05 $
★★★

167379
France / Loire – Muscadet Sèvre et Maine
Sauvion
Cépage(s) : melon de Bourgogne

S'il semble inhabituellement gras, avec une acidité en retrait dans ce millésime prodigue à souhait, reste que ce blanc sec, élégant et parfaitement équilibré, nous entraîne encore une fois à la verticale avec sa touche minérale bien typique. L'élite du muscadet commercialisé sur notre marché, mais surtout un vin à consommer toute l'année en raison de sa grande digestibilité. Sushis, poissons grillés, pâtes aux palourdes et vin blanc, crustacés en tous genres…

Ambiance Copain   Garde du vin CT

Château de Nages 2002

14,45 $
★★ 1/2

427609
France / Sud-Est – Costières de Nîmes
R. Gassier
Cépage(s) : grenache blanc, roussanne

Voilà un blanc sec, plein et goûteux, qui parle au cœur de l'amateur parce qu'il a justement quelque chose de pertinent à dire, que ce soit sur le plan du terroir, de l'assemblage, de la tenue en bouche ou de son originalité d'ensemble. Finale nette et droite avec une jolie pointe d'amertume qui l'affirme un peu plus. S'acoquinera avec une lotte au cari comme avec un jambon-melon.

Ambiance Quotidien   Garde du vin CT

Serego Alighieri Possessioni Bianco 2004   14,55 $ ★★★

409862
Italie / Vénétie – Veneto IGT
Masi
Cépage(s) : sauvignon, garganega

L'idée de fusionner sauvignon et garganega est heureuse. Le premier joue les trompettes alors que le second, plus rond, se fait fier basson, mais pas polisson pour autant. Un blanc sec frais, net, aromatique, floral et moderne avec ses belles notes croquantes de pomme verte et d'amande. Jouez-lui des airs de prosciutto au melon et écoutez.

Ambiance Copain   Garde du vin CT

Chardonnay-Viognier Fetzer 2004   14,95 $ ★★ 1/2

612382
États-Unis / Californie
Fetzer Vineyards
Cépage(s) : chardonnay, viognier

Comme à son habitude, un blanc sec gorgé de fruit et de fraîcheur, s'arrondissant avec vinosité et plénitude en milieu de bouche pour terminer sur une fine et revigorante amertume. Tiendra bien avec les salades californiennes et mexicaines, exotiques et colorées.

Ambiance Quotidien   Garde du vin CT

BONNE AFFAIRE

Château Roquetaillade La Grange 2004 — 15,05 $
★★★

240374
France / Bordeaux – Graves
B.D. & P. Guignard
Cépage(s) : sémillon, sauvignon, muscadelle

En piste une fois de plus pour un moment fruité croqué sur le vif avec ce blanc qui fait ses preuves avec une régularité exemplaire au fil des millésimes. Parfumé et aérien avec une bouche nette, franche, tonique et pas diluée pour deux sous. Et une longueur qui tient la route ! À l'apéro, avec les petits poissons frits ou avec une volaille.

Ambiance Quotidien   Garde du vin CT

Pinot gris Bodega — 15,45 $
Jacques & François Lurton 2005
★★ 1/2

556746
Argentine / Mendoza – Valle de Uco
Jacques & François Lurton
Cépage(s) : pinot gris

Bel exercice de style, mais aussi de fruité pour un blanc sec qui est, encore une fois, irréprochable sur toute la ligne. S'il a suffisamment de tonus pour lancer l'expression ronde, pleine et légèrement épicée du pinot gris, il a aussi plus d'un tour dans son sac pour régaler les pâtes aux fruits de mer comme la paella valencienne.

Ambiance Amour   Garde du vin CT

Hermanos Lurton 2004

15,45 $
★★★

727198
Espagne / Castilla Y León – Rueda
Bodega Jacques Y François Lurton
Cépage(s) : viura, verdejo, sauvignon

L'explosion n'est pas que spectaculaire, elle est diablement fruitée ! En plus, elle se répète à chaque gorgée. Bien sec, nerveux, intense et spontané, ce blanc vinifié encore une fois avec brio par le clan Lurton est un remède à la soif. Et quel caractère avec ça ! Avec les sardines ou les calmars grillés, la détonation n'en sera que plus percutante.

Ambiance Copain   Garde du vin CT

Koonunga Hill 2005

15,50 $
★★ 1/2

321943
Australie / Sud-Est de l'Australie
Penfolds
Cépage(s) : chardonnay

Dans le style du chardonnay de Rosemount, mais peut-être avec plus de concentration et une touche boisée parfaitement justifiée. Un blanc sec qui livre la marchandise avec clarté, lucidité, vigueur et persuasion. Servez-le avec un poulet au olives, du veau à la tomate ou un jambon à l'ananas ; vous y trouverez votre compte.

Ambiance Quotidien   Garde du vin CT

Grenache blanc L'If 2003

15,65 $
★★ 1/2

912337
France / Languedoc-Roussillon – Vin de Pays du Torgan
Mont Tauch
Cépage(s) : grenache blanc

Un blanc sec, rond et peu acide, au fruité moelleux et ample, doucement accompagné par un boisé fin et bien adapté à l'ensemble. En tout point moderne et parfaitement vinifié. Servez-le avec des pétoncles à la crème. Miam !

Ambiance Amour   Garde du vin CT

BONNE AFFAIRE

Pinot grigio Le Rosse 2004

15,65 $
★★★

10230555
Italie / Vénétie – IGT delle Venezie
Tommasi
Cépage(s) : pinot gris

On a affaire ici à une bouteille de haut vol, en raison de l'épaisseur de son fruité qui évoque la pomme, la poire et le coing, tous confondus, vibrant sous une acidité qui enlève le morceau sans trahir la rondeur de l'ensemble. Finale nourrie et de bonne longueur terminant doucement sur l'épicé et l'amer. Beaucoup de gueule. Très recommandable, surtout avec une quiche aux asperges, du jambon-melon ou avec les *pasta alle vongole* sauce à la crème.

Ambiance Amour   Garde du vin CT

Dancing Bull 2004

15,95 $
★★ 1/2

10351306
États-Unis / Californie
Rancho Zabaco
Cépage(s) : sauvignon blanc

Un sauvignon musclé comme un taureau, mais qui ne laisse paraître que la vitalité derrière la puissance avec ses nuances vives de poivre blanc et d'herbe. Finale courte, mais nette. Un chouïa commercial mais vaut le détour. Surtout avec les salades de calmars, de chèvre chaud ou avec les moules marinières.

Ambiance **Copain**

Garde du vin CT

Chardonnay Rosemount Estate 2004

16,00 $
★★ 1/2

265132
Australie / Sud-Est de l'Australie
Rosemount Estate
Cépage(s) : chardonnay

Sur un ensemble vivant et de bonne tenue, voici un chardonnay qui « pète » le fruit, si vous me pardonnez l'expression, avec une impression de sucrosité qui n'est qu'apparente puisque le fruité vous en fait voir de toutes les couleurs… exotiques. Simple, efficace et, surtout, non boisé. Veau, viande blanche, salade de poulet, etc.

Ambiance **Quotidien**

Garde du vin CT

Domaine du Salvard 2004

16,65 $
★★★

977769
France / Loire – Cheverny
Delaille
Cépage(s) : sauvignon blanc

J'ai toujours aimé cette cuvée nette et verticale, aux arômes tranchés de mandarine et de poivre blanc qu'une acidité mûre et tenace ne cesse de relancer. Vin de soif et de plaisir pur qui émoustillera les palais les plus blasés. Avec salade au saumon fumé ou aux crevettes, sans oublier le chèvre mi-affiné.

Ambiance Copain   Garde du vin CT

Gentil "Hugel" 2003

16,95 $
★★★

367284
France / Alsace
Hugel et Fils
Cépage(s) : riesling, sylvaner, muscat, gewurtztraminer, pinot gris

Vraiment sensationnel ce « Gentil » dans ce millésime faste. Sur le plan des saveurs, il est parfaitement balancé avec le riesling, qui, dans l'assemblage, semble jouer au chef d'orchestre. Fruité à revendre tant il déborde de partout et trame ronde, juste assez tonique, articulée et franchement savoureuse. Buvez-le sans ménagement avec les fondues, bourguignonne ou au fromage.

Ambiance Copain   Garde du vin CT

Chardonnay
Reserve Henry of Pelham 2004

17,05 $
★★ 1/2

252833
Canada / Ontario – VQA Péninsule du Niagara
Henry of Pelham
Cépage(s) : chardonnay

Beaucoup de volume et de prestance pour ce blanc sec puissant, au fruité concentré tout juste appuyé par l'écho du bois neuf. Parvenu à maturité, il trouvera sa place, bien rafraîchi, auprès d'une pièce de thon grillé unilatéralement ou d'un riz safrané aux crevettes. À boire.

Ambiance Quotidien

Garde du vin CT

San Vincenzo Anselmi 2004

17,05 $
★★★

585422
Italie / Vénétie – Veneto IGT
Anselmi
Cépage(s) : garganega

Dans cette bouteille qui filtre la lumière du soleil avec un air de printemps, il y a plus que du vin. Il y a tout le génie du vigneron Roberto Anselmi ! Pas surprenant que les roulades de poulet farci accompagnées d'asperges se laissent prendre au jeu de la rondeur et de la fraîcheur avec ce blanc sec et élégant dont le fruité consistant lie à merveille les textures fines de l'ensemble. Chapeau, l'Italien !

Ambiance Amour

Garde du vin CT

Pino & Toi 2004

17,80 $
★★★

10218935
Italie / Vénétie – Veneto IGT
Azienda Agricola Maculan
Cépage(s) : pinot gris

Verve et spontanéité, charme et authenticité pour un vin moderne, débordant de fruité et de vitalité, à inscrire absolument à l'apéro comme avec les antipasti et autres *linguine alle vongole.* Signé Maculan

Ambiance Copain

Garde du vin CT

Château Grinou Grande Réserve 2004

17,80 $
★★★

896654
France / Bordeaux – Bergerac
Catherine et Guy Cuisset
Cépage(s) : sauvignon, sémillon

Le formidable 2004, que j'ai pu déguster à la propriété, arrive enfin, plein et tout en rondeur. Juteux, intense, parfumé et joliment boisé, le vin a de la substance et une élégance qui est presque une marque de commerce chez les Cuisset. Finale longue et harmonieuse. S'accommodera de poissons blancs en sauce comme d'un bon poulet au citron.

Ambiance Détente

Garde du vin CT

Riesling Réserve Léon Beyer 2003

17,80 $
★★★

081471
France / Alsace
Léon Beyer
Cépage(s) : riesling

L'intensité fruitée et le redoutable mordant assurent ici à ce riesling bien sec et vertical des allures de fier chevalier lancé dans un combat dont il sait qu'il ressortira vainqueur! Tout le style Beyer, sans une once de compromis, à la fois économe et très près des aspirations du cépage et du terroir. Un blanc de gastronomie à servir avec les fins poissons blancs comme avec les coquillages.

Ambiance Détente

Garde du vin CT

Riesling "Hugel" 2003

17,95 $
★★★

042101
France / Alsace
Hugel et Fils
Cépage(s) : riesling

Après un 2002 de haute voltige, voici un 2003 plus riche et substantiel encore, avec une trace de sucre bien intégrée. Moins de «nez» peut-être, mais quel volume fruité impressionnant, toujours avec cette tension minérale sous-jacente, à la fois vivante et fine, qui le porte à bout de bras, longuement. Vin de repas, avec des langoustines ou du homard simplement plongé deux minutes dans l'eau bouillante.

Ambiance Copain

Garde du vin CT

Castello di Pomino 2004

18,05 $
★★★

065086
Italie / Toscane – Pomino Bianco
Marchesi de Frescobaldi
Cépage(s) : chardonnay, pinot blanc

Amplitude et maturité fruitée sur un ensemble où le bois neuf s'installe doucement, soulignant avec rondeur sur le mode épicé une bouche harmonieuse qui ne manque pas de longueur. Un régal avec la blanquette de veau.

Ambiance Amour   Garde du vin CT

Château Roquebrun 2004

18,05 $
★★★

701458
France / Languedoc-Roussillon – Coteaux du Languedoc
Cave Les vins de Roquebrun
Cépage(s) : roussanne, grenache blanc

La cave Les vins de Roquebrun frappe dans le mille avec cette brillante cuvée où roussanne et grenache blanc s'entendent à merveille avec la touche fine de l'élevage. Textures fruitées, rondes et transparentes, satinées et peu acides, avec une finale qui évoque l'exotisme flamboyant du viognier. Très réussi ! À servir avec une entrée d'aubergines grillées, des rouleaux de printemps ou des crevettes sautées au cari.

Ambiance Quotidien   Garde du vin CT

Gewurztraminer Dopff & Irion 2004

19,30 $
★★★

024471
France / Alsace
Dopff & Irion
Cépage(s) : gewurztraminer

Un gewurz tout ce qu'il y a de classique avec ses arômes nets et floraux de même que sa bouche ronde, bien balancée, substantiellement fruitée. La finale bien circonscrite offre longueur et clarté, mais crée surtout une «ambiance» qui ne lasse jamais le palais. Pourquoi pas à l'apéro avec des crevettes à l'orientale ou des rouleaux impériaux ?

Ambiance Amour

Garde du vin CT

Muscat Réserve Pierre Sparr 2003

19,50 $
★★ 1/2

742924
France / Alsace
Pierre Sparr
Cépage(s) : muscat

Parfumé comme il se doit tout en demeurant digne et droit, ce muscat sec et peu acide joue la carte du charme immédiat avec une confection d'ensemble qui fait plaisir. S'il donne l'impression de vouloir s'accorder avec le dessert, préférez-le plutôt avec une pâte aux pointes d'asperges relevée ici et là de quelques zestes d'orange. Miam !

Ambiance Amour

Garde du vin CT

Malvasia Bianca Ca' del Solo 2004

20,00 $
★★★

747931
États-Unis / Californie – Monterey
Ca' del Solo
Cépage(s) : malvasia bianca

Avec sa capsule à vis qui scelle définitivement la fraîcheur, ce vin blanc sec et contrasté est une véritable petite bombe d'ingéniosité fruitée ! Avec ses nuances citronnées et florales, il est parfumé, accrocheur, mais aussi diablement explosif avec sa petite pointe de gaz qui avive, titille et prolonge la longue finale. Avec fruits de mer, sushis, aubergines grillées à la provençale, truite ou esturgeon fumé… Ce blanc est décidément très polyvalent !

Ambiance Amour

Garde du vin CT

Sauvignon blanc Oyster Bay 2005

20,00 $
★★ 1/2

316570
Nouvelle-Zélande / Marlborough
Oyster Bay
Cépage(s) : sauvignon blanc

Sous le bouchon dévissable explose déjà un fruité qui sait sur quel pied danser ! Bien que simple d'expression, ce blanc sec et mordant n'en demeure pas moins intègre sur toute la ligne et s'exprime avec une sincérité touchante. Le vin de soif par excellence et un redoutable partenaire pour les huîtres. Le chardonnay 2005 de la même maison est aussi fort recommandable.

Ambiance Copain

Garde du vin CT

Vin Soave Inama 2003

20,10 $
★★★ 1/2

908004
Italie / Vénétie – Soave Classico
Inama Azienda
Cépage(s) : garganega

Sans doute le meilleur soave vendu au Québec, et cela, depuis quelques années déjà. Détaillé, fin, subtil et suave, ce blanc sec s'ouvre doucement sur les fruits jaunes et blancs avec une nuance balsamique qui lui confère, sur la longue finale, beaucoup de fraîcheur et d'originalité. Autre chose que du chardonnay! Avec les risottos, poissons blancs en sauce, escalopes de veau panées au citron…

Ambiance Amour   Garde du vin CT

Chablis Domaine des Malandes 2004

21,05 $
★★★

485581
France / Bourgogne – Chablis
Domaine des Malandes
Cépage(s) : chardonnay

La matière fruitée est réelle, la densité plus que suffisante, la fraîcheur tendue comme un fil de fer et l'ensemble livré avec le cœur sur la main tant on y sent l'inspiration et la générosité du tandem Marchive. Une pureté de vin qui donne encore et encore le goût du chablis. Essayez-le avec une aile de raie rehaussée de câpres et de citron ou sur des acras de morue.

Ambiance Copain   Garde du vin CT

Muscat Cuvée Diane Pfaffenheim 2003

21,30 $
★★★

456251
France / Alsace
Vignerons de Pfaffenheim
Cépage(s) : muscat

Très joli muscat sec, floral et miellé, admirable de franchise et de lucidité, qui trouvera à l'apéro comme avec l'entrée d'asperges ou les fraises au poivre noir au dessert des complices d'appoint. Très réussi.

Ambiance Amour   Garde du vin CT

Saint-Véran Combe aux Jacques 2002

21,95 $
★★★

597591
France / Bourgogne – Saint-Véran
Louis Jadot
Cépage(s) : chardonnay

Comme c'est toujours le cas chez Jadot, le fruité s'offre un tracé pur, net et captivant, le tout relevé en bouche par une texture fine, ronde et d'une fraîcheur admirable en tous points. Un blanc élégant qui ne lasse pas et rendra plus aériennes encore la terrine de poisson et la salade de homard ou de crabe. Faites provision de ce 2002 en attendant un 2003 plus substantiel.

Ambiance Amour   Garde du vin CT

Sauvignon blanc
Château Haut Bertinerie 2002

22,75 $
★★★

720854
France / Bordeaux – Premières Côtes de Blaye
S.C.E.A. Bantegnies & Fils
Cépage(s) : sauvignon blanc

Expressif, parfumé et très pur avec son fruité précis, élancé, texturé et d'un équilibre parfait. Un blanc sec moderne qui sait s'arrondir en bouche pour mieux se prolonger sur une finale dont on se régale longuement. Un bijou de plaisir ! Les huîtres fraîches avec un trait de citron seront heureuses de se frotter à lui !

Ambiance Copain

Garde du vin CT

Chardonnay Buchholz Alois Lageder 2002

23,50 $
★★★ 1/2

742114
Italie / Alto Adige - Chardonnay Alto Adige
Alois Lageder
Cépage(s) : chardonnay

Ses flaveurs flirtent avec le viognier, dont il offre le profil hautement floral et épicé à la texture fine, bien nourrie, d'une jolie densité. Une belle bouteille de caractère, stylisée et personnalisée. Poissons en sauce, escalopes de veau au citron, gambas au gingembre, prosciutto melon : pas difficile de lui trouver de la bonne compagnie.

Ambiance Détente

Garde du vin CT

99

Chablis La Vigne de la Reine
Château de Maligny 2004

24,50 $
★★★

560763
France / Bourgogne – Chablis
Château de Maligny, Jean Durup
Cépage(s) : chardonnay

Le blanc de Maligny ne m'a jamais paru aussi savoureux que cette année, grâce à sa densité et à sa belle richesse fruitée, qui laissent tout de même percer l'accent unique du terroir de ce lieu-dit d'exception. Un blanc sec, structurant et gourmand qui accompagnera à merveille quiche au saumon, soupe chaude aux huîtres ou fromage de chèvre frais.

Ambiance Amour

Garde du vin CT

Les meilleurs
rosés 2006

Les
rosés

Le rosé vit l'espace de quelques heures… l'équivalent d'un été québécois. Il a ses habitudes, car il débarque tôt, annonçant déjà la couleur du millésime récent. Son but? Détrôner l'eau plate déjà rose de jalousie et vérifier l'hypothèse qui veut que la soif puisse être provoquée, séduite et étanchée sans cérémonie. Avec, à la clé, quelques millilitres de plaisir non dissimulé. Son arme? Sa fraîcheur. Elle est capitale.

Puisqu'il y a moins de 1 % des vins rosés qui gagnent en complexité avec un séjour en bouteille, écartez d'office les retardataires de l'année précédente (2003) pour vous concentrer sur les finalistes 2004. C'est encore une fois en me basant sur l'équilibre fraîcheur que j'ai répertorié les meilleurs pour vous, sachant qu'ils pourront aussi vous accompagner à table toute l'année.

L'équilibre des rosés

Pas tout à fait un blanc, à mi-chemin d'un rouge, le rosé est en quelque sorte un vin qui s'est retrouvé, à un moment donné, avec la grappe coincée entre deux pressoirs. Ouille! Une belle aventure tout de même qui n'empêche pas cette espèce d'hermaphrodite d'avoir toujours la pêche, d'être moins pâlot et livide que le blanc sans pour autant devoir rougir entièrement des grivoiseries chuchotées par le rouge.

Car il est bien dans sa peau, le rosé. Teinté d'optimisme, il a le reflet heureux, le discours spontané, la sapidité à fleur de lèvre. S'il est vrai que sa couleur fait la moitié de son charme, il n'est pas moins vrai qu'il crée, pour l'autre moitié, l'ambiance où il joue ses couleurs. Oser le rosé, c'est déjà s'inviter aux festivités. Imaginez la suite…

Hormis quelques clones de gewurztraminers, de savagnins ou de pinots gris qui confèrent parfois au blanc une délicate nuance de rose cuivré «naturelle», ce sont les raisins rouges qui pigmentent la vie de tous les vins rosés. Plus précisément les pigments de la peau des raisins rouges qui, par contacts souvent terriblement éphémères avec le jus clair, libèrent quelques milligrammes d'anthocyanes (en général de 10 à 50 et jusqu'à plus de 100 pour un rosé qui aspire au rouge léger) par une espèce d'altruisme inconditionnel dont la nature seule a le secret.

La France du Moyen Âge élaborait déjà des rosés sans le savoir en les nommant «clairets», alors qu'ils portent aujourd'hui le joli nom de «vin d'une nuit». L'idée de macération a fait un bout de chemin depuis.

L'étalon rose

La macération permet aussi à l'artiste – et c'est la lumineuse beauté de la chose – de jouer au chai les coloristes en rosissant tout sur son passage. Les plus habiles, ceux-là mêmes qui sont capables de manier l'indice d'anthocyanes, d'anthocyanidines et de proanthocyanidines à la molécule près, tout en respectant à la lettre le principe d'Archimède (qui veut que tout corps plongé dans un liquide subisse une poussée verticale avant de devenir rose, puis rouge, etc.), les plus habiles, donc, sauront à peu près sur quel flamant rose voler, alors que les autres, sans doute plus intuitifs, ne cesseront de s'émerveiller, voire de s'émouvoir, devant la tonalité de rose à voir le jour. Comme un nouveau-né.

Gris, champagne, rosé ou clairet? Ou bien plus subtilement rose franc, radis, violet, pivoine, cerise, framboise, carmin ou encore crevette de Matane? À moins qu'il ne s'agisse d'un rose bonbon qui fait place au rose fané, au vieux rose, au roussâtre ou même au rougeâtre pour gagner un peu plus en chaleur avec le rose satin dessous coquin, rose abricot et rose saumon, se drapant dans une teinte riche et diaphane de rose pelure d'oignon. Le rose a ses secrets que le véritable rouge ignore et que le blanc, dans toute sa naïveté, cherche encore. Osez le rose, vivez-le même, vous serez toujours en avance sur la vie!

Castillo de Liria 2004

8,20 $
★★

897728
Espagne / Valencia
Vicente Gandia PLA, S.A. Chiva
Cépage(s): bobal

Laissons tomber les prétentions et parlons franchement: ce rosé tendre, frais et parfumé ne vous fera sans doute pas gravir les échelons qui mènent au septième ciel, mais derrière sa joyeuse impudeur, il a le mérite d'être direct! Salade de crevettes?

Ambiance Quotidien

Garde du vin CT

Domaine du Lys 2004

12,55 $
★★ 1/2

10263824
France / Languedoc-Roussillon
– Vin de Pays des Cévennes
SCEA Domaine du Lys
Cépage(s): syrah, grenache

Jolie présentation, adorable couleur, captivants arômes et joyeuses saveurs vivaces et bien nourries: voilà un rosé qui a quelque chose à dire! Ce que ne peuvent prétendre bon nombre de rosés dans ce millésime. Mon favori avec le côtes du frontonnais Château Bellevue la Forêt et le Château Villerambert Julien, lequel est encore disponible ici et là.

Ambiance Copain

Garde du vin CT

BONNE
AFFAIRE

Château de Nages 2004

14,45 $
★★★

427625
France / Sud-Est – Costières de Nîmes
R. Gassier
Cépage(s): grenache, syrah

Derrière la vivante robe grenadine se cache un rosé tout ce qu'il y a de vineux et de savoureux, offrant un fruité épicé juste, net et très convaincant. Un solide rosé de repas à verser généreusement avec la matelotte provençale ou des côtes d'agneau grillées au romarin.

Ambiance Copain

Garde du vin CT

Château Bellevue La Forêt 2004

14,60 $
★★★

219840
France / Sud-Ouest – Côtes du Frontonnais
S.C.E.A. du Château Bellevue La Forêt
Cépage(s): négrette, syrah, gamay

Quelle émouvante prestation fruitée derrière sa jolie robe pastel! Un rosé dynamique et intense, articulé, tonique et passionné avec son registre floral et épicé on ne peut plus évocateur, le tout livré sur une trame texturée rarement rencontrée dans ce type de vin. L'un des meilleurs savourés récemment. Essayez-le avec des gambas grillées relevées d'une touche de cari. Miam!

Ambiance Détente

Garde du vin CT

Pétale de Rose 2004

16,80 $
★★★

425496
France / Sud-Est – Côtes de Provence
Régine Sumeire
Cépage(s): grenache, cinsault

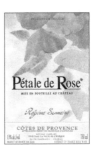

Toujours cette délicatesse florale et fruitée derrière sa robe légère et attirante. Un rosé qui cache bien sa vinosité tout en demeurant suave, tendre et frais, bref, exquis. Volailles, viandes blanches mais aussi, comme ça, à l'apéro.

Ambiance Amour   Garde du vin CT

Les meilleurs
rouges 2006

Les
rouges

Avec ce foutu réchauffement de la planète dont le millésime 2003 semble vouloir confirmer la tendance (nos amis ontariens y ont été confrontés en 2005!), il est à parier que l'élite des vignerons cultivant les vignobles septentrionaux comme ceux de Bourgogne, de Bordeaux, d'Alsace, d'Allemagne ou du Luxembourg aient quelques sueurs froides dans les années qui viennent. Pourquoi? Leur intuition les portera à croire que cet équilibre fragile basé sur une longue et lente maturation des baies sous un climat parfois avare mais surtout peu contrasté disparaîtra au profit d'un autre équilibre, basé celui-là sur des caractéristiques homogènes dénuées de ces détails et amplitudes qui accentuent et distinguent les millésimes entre eux. Avec, à la clé, des vins mûrs, savoureux, constants et réussis vendange après vendange, mais privés de ce petit extra dont peuvent s'enorgueillir les meilleurs terroirs habitués à livrer, même dans l'adversité, une matière digne d'intérêt.

Qui s'en plaindra? À coup sûr les puristes, qui auront du mal à lire la signature subtile de leur roman-terroir habituel, mais pas les consommateurs ni l'ensemble du monde du vin, qui se frotteront les mains devant ce cadeau inespéré livré par une Dame Nature passablement désorientée. Imaginez les belles années, avec une matière première déjà bien adaptée à ce goût contemporain friand d'acidité basse, de fruité juteux et de tanins ronds, gras et enveloppés ! L'idéal, quoi.

Disons-le tout de go, l'époque n'est plus aux invasions barbares ! Du moins en matière de vins rouges. Qu'ils soient d'Australie, du Chili, des États-Unis, d'Espagne, d'Italie ou de France, ils offrent tous, derrière des intensités colorantes à faire rougir les moins audacieux, une approche où la rondeur et le moelleux des tanins sont souvent pures caresses. Même le cot de Cahors ou le malbec d'Argentine, le tannat de Madiran tout comme le mourvèdre de Bandol, le nebbiolo de Barolo ou le tinto del pais de la Ribera del Duero vous font plus que jamais l'honneur de leurs bonnes manières.

« Il ne faut pas se cacher que la référence aujourd'hui demeure, du moins chez le consommateur, les vins colorés et opulents dotés d'une dominante sur le fruit. Le millésime 2003 renforce cette référence, alors que 2002 jouait la carte de la subtilité, de l'équilibre et de l'élégance, surtout pour les blancs », me disait en juin dernier l'œnologue Nadine Gublin (voir l'entrevue p. 232), qui n'a jamais vu elle-même une si belle brochette de beaux millésimes en Bourgogne. Reste à savoir maintenant si les vignerons du Nouveau Monde se réjouiront de ces changements climatiques chez leurs collègues et concurrents européens ou, au contraire, s'ils auront à leur tour des sueurs froides en raison d'une compétition livrée sur leur propre terrain. C'est à voir !

Dégustation en matière de rouge :
5 choses à savoir absolument

▸▸ Les tanins présentent un effet cumulatif en bouche, c'est-à-dire que vous aurez l'impression que le vin gagne en matière, en épaisseur, qu'il devient de plus en plus tannique à mesure que vous le buvez. Souvenez-vous que la première impression demeure toujours la meilleure.

▸▸ Un rouge léger, qu'il soit vinifié en primeur ou non, et en raison d'une combinaison alcool / extraits secs faible, peut se permettre d'être légèrement rafraîchi (14-15 °C) pour exalter son fruité sans durcir ses tanins. En supposant, bien entendu, que les tanins soient mûrs.

▸▸ Une acidité excessive renforce l'impression de tannicité dans les vins dotés d'une forte trame tannique. Le vin devient rapidement anguleux, avec des arêtes vives désagréables. Surtout s'il est servi froid.

▸▸ À l'inverse, un vin tannique paraîtra toujours plus souple et rond lorsque soutenu par un degré alcoolique élevé et une acidité basse. Surtout s'il est servi chaud.

▸▸ L'amertume laissée au palais en fin de bouche n'est pas nécessairement un défaut ; elle participe au contraire à la personnalité et à la longueur du vin en bouche. Ne pas la confondre avec l'amertume plus « verte » et végétale provenant de raisins en mal de maturité ou issus d'une macération trop poussée.

Vila Regia 2003 — 9,95 $
★★

464388
Portugal / Douro
Vinhos Sogrape
Cépage(s) : touriga francesa, tinta cão

Il ne faudrait pas croire que les vins rouges secs du Douro portugais ne sont que le résultat de portos qui auraient mal tourné ! Ce serait faire insulte à une panoplie de solides gaillards dont la confection et le style moderne innovent. Ce Vila Regia est de ceux-là : rien de compliqué, un brin rustique même, mais aussi un rouge sec qui offre souplesse et fraîcheur sur une base qui ramène toujours la texture du fruité au premier plan. Pas mal avec les pattes de cochon !

Ambiance Quotidien   Garde du vin CT

Gato Negro 2005 — 10,30 $
★★

188193
Chili / Vallée de Lontue
Vina San Pedro
Cépage(s) : cabernet sauvignon

Le chat noir montre encore une fois patte blanche avec ce rouge sec, simple, savoureux, sans histoire. Équilibre et fraîcheur avec une touche boisée derrière qui suggère le relief. Beaucoup de vin à mâcher ici. Viandes rouges ou blanches, fromages affinés…

Ambiance Quotidien   Garde du vin CT

Château Prieuré de Bubas 2004 — 11,25 $
★★ 1/2

913434
France / Languedoc-Roussillon – Corbières
Pellerin Domaines et Châteaux
Cépage(s) : syrah, grenache, cinsault, carignan

De loin supérieur au 2003 – qui n'avait pas trouvé sa place dans l'édition précédente de ce guide –, ce 2004 est en tous points un pur délice. Coloré, amplement fruité et gourmand avec ses tanins ronds et sa trame peu acide, le vin rassure et contente, simplement, efficacement. Excellente affaire !

Ambiance Copain

Garde du vin CT

Borsao 2004 — 11,55 $
★★ 1/2

BONNE AFFAIRE

10324623
Espagne / Campo de Borja
Bodega Borsao
Cépage(s) : grenache, cabernet sauvignon, merlot

Entré en force dans l'édition précédente, ce rouge souple mais puissant et vineux de la côte est espagnole dicte déjà ses conditions à l'amateur carnivore qui sait qu'il n'avalera pas seulement des petits pois ! Simple, direct, sans profondeur particulière, le vin récompense plutôt par la franchise et l'abondance de son fruité lié à une trame lisse, chaude et fondante. Carnivores, donc, aiguisez vos couteaux !

Ambiance Copain

Garde du vin CT

BONNE AFFAIRE

Domaine de Moulines 2004   11,75 $
★★ 1/2

620617
France / Languedoc-Roussillon
– Vin de Pays de l'Hérault
Saumade & Fils
Cépage(s) : merlot

L'auteur de ce succulent merlot m'a déjà pardonné d'avoir oublié son vin dans la précédente édition, mais connaissant votre flair, sans doute est-il déjà votre vin quotidien depuis un bon moment! Cela dit, ce 2004 livre son fruité à la cuillère à soupe, avec jouissance et gourmandise, fraîcheur, volume et une bonne dose de sincérité. Du vin vrai qui se digère vraiment. Pourquoi pas avec un bon hamburger sur charbon de bois?

Ambiance Quotidien   Garde du vin CT

Terra Vecchia 2004   11,95 $
★★

614057
France / Corse – Vin de Pays de l'île de Beauté
Les Vignobles des Coteaux de Diana
Cépage(s) : grenache, cabernet sauvignon, merlot

Plus étoffé et concentré que le 2003, ce solide rouge ne mâche pas ses mots! Couleur, structure, épaisseur, fruité, avec une pointe de rusticité : tout y est. N'y manque que le sanglier!

Ambiance Quotidien   Garde du vin CT

L'Orangerie de Pennautier 2004

12,00 $
★★ 1/2

605261
France / Languedoc-Roussillon –
Vin de Pays de la Cité de Carcassonne
Vignobles Lorgeril Château de Pennautier
Cépage(s) : grenache, syrah, merlot

Pas de secret ici : on a voulu miser sur le fruit – et le charme – en adoucissant substantiellement la trame tannique pour le rendre souple et fort agréable en bouche. Et ça marche ! Du corps et de la mâche sur un ensemble simple et sympathique. Idéal avec un sandwich jambon, tomates séchées marinées et gouda fort. Miam !

Ambiance Copain   Garde du vin CT

Château de Lastours 2002

12,10 $
★★★

506295
France / Languedoc-Roussillon – Corbières
C.A.T. du Château de Lastours
Cépage(s) : grenache, syrah, carignan

Un beau Corbières plein de vitalité, parvenu à maturité, avec une expression fruitée qui tourne graduellement vers des nuances plus épicées de sous-bois et de garrigue. Matière fondue, fine et de belle longueur. Servez-le avec des filets de porc aux pruneaux.

Ambiance Quotidien   Garde du vin CT

Cruz de Piedra 2004

12,10 $
★★★

620690
Espagne / Catalogne – Aragon
Bodega Virgen de la Sierra s. Coop
Cépage(s) : grenache

Peut-être rustique, mais j'aime bien le caractère sauvage, chaud, goûteux et capiteux de ce grenache bien campé dans ses bottes. Jolie robe et saveurs bien vivantes qui relèvent de solides tanins mûrs, fondus, hautement savoureux. Longue finale parfumée qui conserve son équilibre malgré la chaleur de l'alcool. Idéal pour le méchoui, avec le riz et les fèves noires aux chorizos, les côtelettes de porc…

Ambiance Quotidien   Garde du vin MT

Château Cazal Viel Vieilles Vignes 2003

12,35 $
★★ 1/2

202499
France / Languedoc-Roussillon – Saint-Chinian
Henri Miquel
Cépage(s) : syrah, grenache

La texture du fruité glisse sur le palais comme une écharpe de soie sur une épaule frileuse, avec ce grain et cette souplesse heureuse qui jamais n'accrochent. Un bon vin de fruit, peu acide, certes, mais drôlement gourmand ! Idéal en pique-nique avec les saucisses grillées ou les sandwichs.

Ambiance Amour   Garde du vin CT

BONNE AFFAIRE

Côtes de Saint-Mont Labriole 2003

12,55
★★ 1/2

BONNE AFFAIRE

516781
France / Sud-Ouest – Côtes de Saint-Mont
Producteurs Plaimont
Cépage(s) : tannat, pinenc

reux et original qui trouvera à table matière à faire grignoter, tant les rillettes d'oie que le magret de canard grillé. De l'étoffe, beaucoup de fraîcheur, une bonne constitution, un soupçon épicé et une approche franche et directe qui plaît à la première gorgée. La version en blanc n'est pas piquée des hannetons non plus! D'une cave qui sait y faire.

Ambiance Quotidien

Garde du vin CT

Château du Frandat 2001

12,60 $
★★ 1/2

BONNE AFFAIRE

546317
France / Sud-Ouest – Buzet
Patrice Sterlin
Cépage(s) : cabernet franc, merlot, cabernet sauvignon

Après un 2000 lisse et fondu, voilà un 2001 qui trace un vin plus énergique, souple et frais, dont la trame tannique judicieusement construite est tout ce qu'il y a de savoureuse. Un Buzet très classique, sobre et pas très large, mais convaincant. Un bon poulet grillé fera ici l'affaire.

Ambiance Amour

Garde du vin CT

Teroldego Rotaliano 2004

12,70 $
★★ 1/2

573568
Italie / Trentin-Haut-Adige – Teroldego Rotaliano
Mezzacorona
Cépage(s) : teroldego

Le fruité primeur tendre et séducteur est décidément bien charmeur ici. Pas très complexe, mais hautement savoureux avec sa tonalité à la fois acidulée et sucrée de petits fruits noirs bien mûrs, et sa structure souple, légère et pas du tout encombrée. Spaghetti à la viande ?

Ambiance Quotidien   Garde du vin CT

L'Opéra de Villerambert Julien 2002

13,35 $
★★ 1/2

488270
France / Languedoc-Roussillon – Minervois
M. Julien
Cépage(s) : grenache, syrah, mourvèdre

Un 2002 qui a su se tirer d'affaire avec panache pour un vin ferme et charpenté dont l'abondance de tanins mûrs et fruités régale longuement le palais. Le 2003 est dans la même veine, mais avec un peu plus de rondeur, de gras. Belle adéquation cépage-terroir. Charcuteries, pâtés, civet de lièvre…

Ambiance Quotidien   Garde du vin CT

Château La Lieue 2004

13,65 $
★★★

605287
France / Provence – Coteaux Varois
Famille Vial
Cépage(s) : grenache, carignan, mourvèdre

Cette cuvée 2004 s'élève au-dessus de la mêlée avec une fraîcheur, un fruité et une définition en tous points exemplaires. Un vin corsé et vineux, oui, mais diablement savoureux ! Grâce à sa fraîcheur, c'est un régal avec les charcuteries et le ragoût d'agneau à la provençale.

Ambiance Quotidien   Garde du vin CT

Fontanafredda Barbera d'Alba 2003

14,00 $
★★ 1/2

038174
Italie / Piémont – Barbera d'Alba
Fontanafredda
Cépage(s) : barbera

Un bon barbera vous transmet rapidement sa vitalité fruitée, comme un cadeau, sans s'imposer, puis repart discuter avec le gras des charcuteries, qu'il allège pour les rendre plus digestes. Un rouge cordial, savoureux, souple et moderne, sans être commercial pour autant.

Ambiance Copain   Garde du vin CT

J. Carrau Pujol Gran Tradicion 2001   14,20 $
★★★

439331
Uruguay / Museo – Cerro Chapeu
Vinos Finos Juan Carrau SA
Cépage(s) : tannat, cabernet sauvignon, cabernet franc

Dépaysement garanti ou argent remis ! Voilà une sérieuse rasade de vin, chaude, pleine, capiteuse, sentant bon le sous-bois, l'origan, le cuir frais, avec une bouche ronde, généreuse et fondue. Beaucoup de personnalité et prix très correct, encore une fois. Avec le civet de lièvre, le ragoût de caribou ou un bon cheddar fort.

Ambiance Quotidien Garde du vin CT

F iddlers Creek 2002   14,95 $
★★★

580498
Australie / Sud-Est
Blue Pyrenees Estate
Cépage(s) : shiraz, cabernet

Couleur, flaveurs fruitées, sucrosité, puissance et velouté : tout est là. Question de goût, bien sûr, mais on ne peut nier ici le plaisir gourmand qui s'y rattache. Simplicité et efficacité, à l'australienne. Et par ici les shish kebabs d'autruche et de kangourou !

Ambiance Quotidien   Garde du vin CT

Tedeschi Valpolicella 2003

15,25 $
★★★

537316
Italie / Vénétie – Valpolicella Classico Superiore
Tedeschi
Cépage(s) : corvina veronese, molinara, rondinella

Une jolie petite bombe fruitée qui va bien au-delà de l'idée que l'on se fait du vin de Valpolicella, car le vin a ici une densité palpable qui donne rapidement le ton et qui agrémente la conversation de terrasse. Bref, c'est souple, frais, dessiné sans compromis tout en étant parfaitement équilibré. *Saltimbocca alla romana,* calzones farcis, pizzas… vous avez le choix !

Ambiance Amour   Garde du vin CT

Domaine du Cros Marcillac 2004

15,80 $
★★★

743377
France / Sud-Ouest – Marcillac
Philippe Teulier
Cépage(s) : fer servadou

Voilà le type de vin que j'aime retrouver dans un guide parce qu'en plus d'être original, digeste et savoureux, il livre la marchandise. Mieux, j'en redemande chaque fois ! Le sympathique Philippe Teulier vous invitera à servir son 100 % fer servadou à 14 °C avec des saucisses et saucissons, aligot ou tripous, une belle tranche de veau ou un fromage ferme à pâte pressée de type comté. Faites-en provision car il disparaît vite.

Ambiance Copain   Garde du vin CT

Perrin Réserve 2003

15,85 $
★★★

363457
Côtes-du-Rhône / France
Domaines Perrin
Cépage(s) : grenache, syrah, mourvèdre

J'aime cette cuvée et je trouve toujours plaisir à la servir sur les caris d'agneau, les daubes et les plats en sauce longuement mijotés. Pas surprenant, avec cette franchise et ce fruité soutenu et fondu sur une trame souple et toujours bien balancée. Le 2004 à venir est dans la même veine, avec peut-être un peu plus de vigueur. Vous en redemandez ? Alors essayez de la même maison le côtes-du-rhône Coudoulet de Beaucastel 2002, plus large et plus profond.

Ambiance Quotidien   Garde du vin CT

Perdera Argiolas 2004

15,85 $
★★★

424291
Italie / Sardaigne – Monica di Sardegna
Argiolas & C. SAS
Cépage(s) : monica di sardegna, carignano, bovale sardo

Parfumé, enlevant et bourré de fruit que cette version 2004 goûtée d'abord en Sardaigne en compagnie de la charmante Valentina Argiolas, puis au Québec, où le vin se révèle toujours des plus complets. Un vin de fraîcheur et de texture, parfumé, épicé et intrigant, qui assure à tous coups le dépaysement. Surtout avec le sanglier rôti ou les fromages piquants.

Ambiance Quotidien   Garde du vin CT

BONNE AFFAIRE

Clos La Coutale 2003 — 15,90 $
★★★

857177
France / Sud-Ouest – Cahors
V. Bernede et Fils
Cépage(s) : cot, cabernet sauvignon

Il faudra bien que je vous présente un jour ce Philippe Bernède, non seulement concepteur d'un original tire-bouchon (voir le chapitre «Les trucs et tendances 2006», p. 213), mais aussi d'un Cahors pas piqué des vers. L'homme est sympa, son vin l'est tout autant. Beaucoup plus flatteur que son 2002, ce millésime, avec sa texture riche, vineuse et crémeuse, se boit littéralement comme du petit-lait. Mais attention, ne pas dépasser la dose car il y a du muscle derrière! Avec ragoût de mouton, saucisses au cumin, terrines de sanglier.

Ambiance Quotidien   Garde du vin CT

Château des Matards 2003 — 15,95 $
★★★

640276
France / Bordeaux – Premières Côtes de Blaye
G.A.E.C. Terrigeol
Cépage(s) : merlot, cabernet sauvignon

Avec sa belle matière fruitée tout juste relevée d'un boisé parfaitement adapté, sa texture liée avec fraîcheur et velouté, et son équilibre sans faille, cette cuvée 2003 est vraiment sensationnelle. Surtout, elle donne le goût du vin. Un point d'excitation bien mérité! Essayez-le avec l'épaule d'agneau mijotée aux fèves rouges et à l'ail frais de saison.

Ambiance Amour   Garde du vin CT

Château Puy-Landry 2001

16,30 $
★★★

852129
France / Bordeaux – Côtes de Castillon
GFA Régis & Sébastien Moro
Cépage(s): merlot, cabernet franc

Le plaisir de boire du vin doublé du bonheur d'en parler simplement… et de le digérer aisément: c'est Puy-Landry tout craché! Faut dire que Régis et Sébastien Moro savent faire juste ce qu'il faut, avec le fruité et la souplesse qu'il faut. Le plaisir, quoi. Surtout avec la côte de porc grillée sur sarments de vigne.

Ambiance Amour   Garde du vin CT

Christian Moueix Merlot 2001

16,30 $
★★★

369405
France / Bordeaux
Ets Jean-Pierre Moueix
Cépage(s): merlot

Véritable régal que ce 2001! Il ajoute à l'épaisseur du fruit une texture qui lui assure beaucoup de finition et de clarté dans le pourtour. Un peu plus de poids que le 2000, mais toujours avec cette souplesse, cette fraîcheur et cette continuité sur le plan de la saveur qui rassurent et contentent. Du bon bordeaux, comme je l'aime! Couchez-le sur des côtelettes d'agneau grillées, par exemple.

Ambiance Quotidien   Garde du vin CT

Quinta dos Roques 2002

16,35 $
★★★

744805
Portugal / Centre – Dao
Quinta dos Roques
Cépage(s) : tinta roriz, touriga francesa, touriga nacional

Un rouge original et savoureux, solidement ancré dans une belle masse de tanins mûrs et compacts qui ne fléchissent pas au palais mais qui, au contraire, soutiennent ce dernier longuement et efficacement. Présence, style et équilibre. Une bouteille à découvrir, surtout avec le porc et la morue à la portugaise.

Ambiance Quotidien   Garde du vin CT

Cumulus 2000

16,90 $
★★★

642546
France / Languedoc-Roussillon – Minervois
Abbott Sneyd Anderson S.A.R.L.
Cépage(s) : syrah

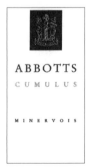

Rien à redire sur la beauté de ce vin riche et moelleux, car l'équilibre et les proportions sont au rendez-vous. C'est mûr, goûteux, frais et stylisé, avec un grain fin, bien architecturé autour d'une trame charnue et parfumée. Le passer impérativement en carafe pour contrer l'éventuelle pointe de réduction. Le 2001 est plus large et plus solide encore. Pigeon farci, chèvre ou agneau grillé, *chili con carne*…

Ambiance Amour   Garde du vin CT

Domaine de la Charmoise Marionnet 2003

16,95 $
★★★

329532
France / Loire – Touraine
Henri Marionnet
Cépage(s) : gamay

Le gamay est à Henry Marionnet ce que l'azur est au ciel de Provence ou le N° 5 à Chanel : indissociable. Mieux, c'est chez lui une marque de commerce, une griffe, une attitude. Ce 2003 m'excite encore cette année : le fruité y est parfumé et palpable, avec cette espèce de plénitude naturelle qui fait planer le palais comme un albatros au-dessus du pont d'un navire en haute mer. Le goût du large dans son verre !

Ambiance Copain   Garde du vin CT

Serego Alighieri Possessioni Rosso 2003

16,95 $
★★★

10202095
Italie / Vénétie – Rosso del Veronese
Masi
Cépage(s) : corvina veronese, sangiovese

Moins « baraqué » que le Campofiorin de la même maison, cet assemblage fait plutôt la part belle à un fruité soyeux, serré et enrobé, qui séduit immédiatement, sans pour autant verser dans la facilité. Ajoutez-y cette distinction que lui apporte la maison Masi et la suggestion du sommelier Philippe Faure-Brac, qui le couche sur une roborative goulash, et vous devriez être heureux. C'est pas beau, ça ?

Ambiance Quotidien   Garde du vin CT

B rentino 2003

17,00 $
★★★

430512
Italie / Vénétie – Veneto IGT
Maculan
Cépage(s) : merlot, cabernet sauvignon

La cavalerie est lancée au galop avec ce 2003 richement coloré, musclé et très frais, dont le fruité bien enrobé vous maintient solidement en selle ! Une belle pièce de vin à boire sur le fruit avec un bon spaghetti à la viande et des fromages affinés. Fausto Maculan semble vouloir imprimer un style plus dense à son vin depuis quelques années.

Ambiance Quotidien   Garde du vin CT

C hâteau Nénine 2002

17,00 $
★★★

640177
France / Bordeaux – Premières Côtes de Bordeaux
S.C.E.A. Des Coteaux de Nénine Baurech
Cépage(s) : merlot, cabernet sauvignon, cabernet franc

Voilà un petit domaine qui s'est bien rattrapé ces dernières années. Après un 2001 parfaitement réussi, ce 2002 joue avec bonheur le jeu de la couleur, de la densité, du fruit, de la fraîcheur et de la texture. Du charme en bouteille. Meilleur encore avec une escalope de veau tout juste relevée de girolles poêlées.

Ambiance Amour   Garde du vin CT

Torus 2003

17,05 $
★★ 1/2

466656
France / Sud-Ouest – Madiran
Alain Brumont
Cépage(s) : tannat, merlot

La couleur est magnifique et incite à aller plus loin. Vers la discrétion, mais aussi vers un bel éclat fruité et relevé judicieusement d'une pointe végétale qui l'étoffe et lui donne du mordant tout en l'assoyant solidement sur du roc. Un millésime de passage... en attendant un 2004 taillé dans la pierre. Servez-le avec une garbure ou des haricots relevés de porc au chili.

Ambiance Quotidien

Garde du vin CT

Castillo de Molina Reserva 2003

17,20 $
★★ 1/2

858563
Chili / Vallée de Lontue
San Pedro
Cépage(s) : merlot

Joli merlot plein et épicé, charnu et bien vivant avec sa pointe végétale qui semble lui donner des ailes en milieu de bouche. Finale nette et franche, à défaut de réelle profondeur. À servir avec des plats rustiques tels que des haricots sauce à la viande, un filet de porc mariné ou des cannellonis.

Ambiance Quotidien

Garde du vin CT

Château Grand Moulin Vieilles Vignes 2001

17,30 $
★★★

721043
France / Languedoc-Roussillon – Corbières
Jean Noël Bousquet
Cépage(s) : syrah, grenache, cinsault

Un Corbières fort séduisant avec ses parfums épicés où l'influence de l'élevage se fait encore sentir et qui arrive à maturité en offrant ses généreuses saveurs fruitées sur un ensemble d'une tenue exemplaire. Et cela, longuement, sur une finale sucrée, bien structurée. Très bon. Chevreuil en daube, onglet à l'échalote, raviolis farcis de canard…

Ambiance Détente Garde du vin CT

Baron D'Ardeuil 2000

17,40 $
★★★

446187
France / Sud-Ouest – Buzet
Les Vignerons de Buzet
Cépage(s) : merlot, cabernet franc, cabernet sauvignon

Épanoui, fondu, tendre, parfumé, bref, à point. Ajoutez de délicieuses nuances de sous-bois et de tabac frais, et voilà un vin léger, savoureux et équilibré dont on ne devrait pas se passer. D'une cave de vignerons qui savent faire. Servez-le avec une bavette à l'échalote accompagnée de frites, et vous m'en donnerez des nouvelles.

Ambiance Quotidien Garde du vin CT

Château la Tour de l'Évêque 2003   17,95 $
★★★

440123
France / Provence – Côtes de Provence
Régine Sumère
Cépage(s) : syrah, cabernet sauvignon

Le vin de Régine Sumère offre, dans ce millésime, une épaisseur fruitée qui tient littéralement de la gourmandise ! Ajoutez une texture liée avec des doigts de fée, une fraîcheur qui tient l'ensemble en haleine et vous avez là un candidat pour le foie de veau aux câpres et aux olives noires ou le sauté de porc aux pruneaux.

Ambiance Quotidien   Garde du vin CT

Mas Collet 2002   18,20 $
★★★

642598
Espagne / Catalogne – Montsant
Celler de Capçanes
Cépage(s) : grenache, tempranillo, carignan

Si vous aimez prendre le taureau par les cornes, inutile ici de mettre des gants blancs car la balade sera pour le moins trépidante ! Plus de coffre, de muscle, de fougue et d'énergie que le 2001, présenté dans l'édition précédente, mais toujours avec ce fruité rageur et bien mûr qui s'impose, enrobe et… calme, même les plus gourmands d'entre vous. Le 2003 à venir vaudra le détour. Essayez-le avec le rôti de porc aux pruneaux, les joues de cochon braisées ou la queue de bœuf mijotée.

Ambiance Détente   Garde du vin CT

Big House Red 2003

18,50 $
★★★

308999
États-Unis / Californie
Ca' Del Solo
Cépage(s) : syrah, zinfandel, carignan

La couleur, les arômes et les saveurs accrochent ici rapidement les sens et s'en amusent avec une espèce de désinvolture bon enfant qui rassure et… enchante ! Un rouge chaud, puissant, presque piquant en raison de l'énergie fruitée qu'il propose et de la franchise qu'il expose. Moi, si j'étais vous, je le coucherais sur de bonnes lasagnes fumantes et bien relevées !

Ambiance Copain   Garde du vin CT

Château Saint-Roch 2003

18,55 $
★★★

574137
France / Rhône – Lirac
Brunel Frères S.A.R.L.
Cépage(s) : grenache, mourvèdre, syrah

Un rouge juteux, étoffé, puissant et savoureux comme je l'aime, avec cet « esprit Lirac » qui le rapproche d'un châteauneuf-du-pape mais avec une corde de moins à son arc. L'effet millésime est là, conférant une pointe de confit, mais le vin se rattrape sur la fraîcheur avec aplomb et autorité. Saucisson, andouillette, tripes au vin rouge, cassoulet… tout lui va.

Ambiance Détente   Garde du vin CT

Château Les Hauts d'Aglan 2001

19,25 $
★★★

734244
France / Sud-Ouest – Cahors
Isabelle Rey-Auriat
Cépage(s) : cot, cabernet

Quel beau Cahors et quelle classe avec ça! Tout est ici cousu main. Fruité net et bien mûr s'ouvrant sur un peu plus de complexité, s'arrondissant sur une base de tanins moelleux, agréable et réconfortants. À moins de 20 $, un Cahors à acheter à la caisse. Très bon. Charcuteries, côtes de porc grillées, fromages fermes et relevés.

Ambiance Détente

Garde du vin CT

Bourgogne A. Rodet pinot noir 2003

19,65 $
★★★

358606
France / Bourgogne
Antonin Rodet
Cépage(s) : pinot noir

L'expression aromatique et gustative du frileux pour ne pas dire capricieux cépage est préservée dans ce millésime qui en a vu succomber plusieurs. La robe a de l'éclat, et les flaveurs de cerises macérées tiennent bien la route en bouche, s'affirmant même avec une pointe de fermeté sur la finale. Un rouge vineux et capiteux à proposer avec une volaille aux morilles ou des cailles grillées.

Ambiance Amour

Garde du vin CT

Côtes du Rhône E. Guigal 2001

19,90 $
★★★

259721
France / Rhône – Côtes du Rhône
E. Guigal
Cépage(s) : syrah, grenache

Avant l'élégant 2002, le riche et généreux 2003, voilà la cuvée 2001, classique mais diablement accessible. Du corps, de la vinosité, de l'étoffe et une capacité certaine d'enrober les sucs d'une bonne viande saignante. Une valeur sûre signée Guigal.

Ambiance **Quotidien**   Garde du vin **CT**

Château de Parenchère 2002

19,95 $
★★★

151985
France / Bordeaux – Bordeaux Supérieur
Château de Parenchère S.C.E.A.
Cépage(s) : merlot, cabernet sauvignon

Voilà une cuvée enlevante en raison de la mâche et de l'éclat d'un fruité lisible et parfaitement rendu au palais. Le tout concentré avec ce qu'il faut de vinosité et de fermeté et, surtout, assumé avec beaucoup de fraîcheur. Je préfère cette bouteille à la cuvée Raphaël dans ce millésime. Belle réussite, et bravo à Jean Gazaniol !

Ambiance **Quotidien**   Garde du vin **CT**

BONNE
AFFAIRE

Gran Coronas 2001

19,95 $
★★★

036483
Espagne / Penedès
Don Miguel Torres
Cépage(s) : cabernet sauvignon, tempranillo

Vous vous souvenez encore de l'irrésistible millésime 2000 parvenu à maturité? Ce 2001 semble bien vouloir lui emboîter le pas avec la même assurance et la même élégance. Le fruité mûr s'ouvre ici sur un registre plus épicé, derrière une trame tannique fine et parfaitement liée. Une belle bouteille qui a encore de belles années devant elle, surtout si vous la conviez en compagnie d'une côte de porc au romarin, d'une côte de veau dans son jus ou encore, d'une entrecôte.

Ambiance Quotidien   Garde du vin CT

Vineland Cabernet Sauvignon 2003

20,00 $
★★★

422808
Canada / Ontario – Péninsule du Niagara
Vineland Estates Winery
Cépage(s) : cabernet sauvignon

Avec l'âge des vignes et l'expertise maison, voici un vin qui gagne en prestance et en crédibilité avec les années. Fruité abondant, bien ancré sur une structure ferme encadrée partiellement par un boisé d'appoint. Finale parfumée, franche et qui finit sec. Évoque certains bons rouges chiliens. Jouez-le avec une bavette grillée ou un bon fromage d'Oka.

Ambiance Quotidien   Garde du vin CT

Château Roquebrun 2002

20,05 $
★★★

711036
France / Languedoc-Roussillon – Saint-Chinian
Cave Les vins de Roquebrun
Cépage(s) : syrah, grenache, mourvèdre

Avec ses arômes épicés accrochés au bord du verre et ses saveurs juteuses, texturées, tapissées de beaux tanins frais et abondamment fruités, ce Roquebrun demeure encore un bel achat cette année. Un rouge corsé, plein de caractère, hautement savoureux, à servir avec le ragoût de pattes de cochon comme avec le pigeon farci à l'orientale ou le couscous merguez.

Ambiance Quotidien

Garde du vin CT

Sous les Balloquets Brouilly 2004

21,35 $
★★★

515841
France / Bourgogne – Beaujolais
Louis Jadot
Cépage(s) : gamay

Un classique qui a su conserver son équilibre dans ce millésime qui installe rapidement la fête au palais ! Arômes clairs et linéaires de petits fruits rouges qui séduisent illico, sur une trame fraîche, juteuse, avec ce qu'il faut de matière pour mâcher un peu. Avec la charcuterie, par exemple.

Ambiance Copain

Garde du vin CT

Château Pesquié
Les Hauts du Parandier 2001

20,40 $
★★★

743922
France / Rhône – Côtes du Ventoux
SCEA Château Pesquié Crus & Vins
Cépage(s) : grenache, carignan, syrah

Voilà un bien solide gaillard qui se retrousse les manches et qui se met en devoir de vous en faire voir grâce à sa puissance, à son échafaudage immuable, à son fruité immense et à sa prestance imposante. Le 2003 à venir est un régal. À servir avec la queue de bœuf braisée ou à sortir pour accompagner les fromages de caractère en fin de repas.

Ambiance Détente

Garde du vin CT

Nipozzano Riserva 2002

21,50 $
★★★

107276
Italie / Toscane – Chianti Rufina
Marchesi de' Frescobaldi
Cépage(s) : sangiovese

Plus riche et structuré que le 2003, qui arrivera sur les tablettes au printemps prochain, ce 2002 offre une base solide où le fruité bien tassé évolue rapidement sur des nuances plus végétales de tabac et de bois fumé. Beaucoup de caractère, et un candidat idéal pour les paupiettes de veau aux morilles, la pizza aux saucisses ou encore, le risotto au parmesan.

Ambiance Quotidien

Garde du vin CT

Forest Glen 2003

21,90 $
★★★

708263
États-Unis / Californie – Sonoma
Forest Glen Winery
Cépage(s) : merlot

Un joli flacon de saveurs fruitées franches et bien nourries, mais sans être débordantes ni extravagantes. Juste ce qu'il faut, le tout amené avec un boisé judicieux et un équilibre que je souhaiterais retrouver plus souvent dans les vins de cette appellation. Bravo ! Steak au poivre, ciabatta aux poivrons et pastrami.

Ambiance Quotidien

Garde du vin CT

Sonoma County 1999

22,50 $
★★★

354274
États-Unis / Californie – Sonoma
Ernest & Julio Gallo
Cépage(s) : cabernet sauvignon

Avec ses quatre ans en bouteille, ce rouge profond et fondu affine déjà ses parfums tertiaires en suggérant finement la réglisse, la fumée et le minéral végétal typique d'un cabernet à maturité. Finale homogène, parfumée, de bonne longueur. Pas mal avec un carré d'agneau au romarin.

Ambiance Détente

Garde du vin CT

Dolcetto d'Alba Pio Cesare 2004   23,55 $
★★★

129890
Italie / Piémont – Dolcetto d'Alba
Pio Cesare
Cépage(s) : dolcetto

Pio Boffa nous livre encore une fois un dolcetto pétant de santé derrière sa robe juvénile, son fruité captivant de cerise au jus et sa bouche bien ramassée, fière, fraîche et bien droite. Un dolcetto très classique qui ne succombe pas aux effets de mode. Il est capable de lancer l'osso bucco ou les tortellinis vers de nouveaux sommets.

Ambiance Quotidien   Garde du vin MT

Château Montaiguillon 2002   23,95 $
★★★

864249
France / Bordeaux – Montagne Saint-Émilion
C. Amart
Cépage(s) : merlot, cabernet sauvignon, cabernet franc

Plus aéré et d'une texture plus relâchée que le 2001, ce rouge souple et parfumé de Chantal Amart s'inscrit dans une perspective de plaisir immédiat, même s'il ne faut pas sous-estimer la fine trame tannique sous-jacente. Encore une fois élégance et nuances. Une jolie bouteille à servir avec la blanquette de veau et autres plats peu relevés.

Ambiance Quotidien   Garde du vin CT

Limestone Coast 2002

24,95 $
★★ 1/2

552075
Australie / Merbein
Greg Norman Estates
Cépage(s) : cabernet sauvignon, merlot

Attention, palais sensible, locomotive fruitée devant! Heureusement, il y a la fraîcheur presque poivrée qui exalte, relève et porte la trame capiteuse, mais aussi ronde et moelleuse, avec ce qu'il faut d'équilibre pour ne pas lasser le palais. Peut-être un peu moins de profondeur que le précédent millésime, mais un candidat tout trouvé pour les shish kebabs et autres viandes marinées.

Ambiance **Détente**

Garde du vin **CT**

Les meilleurs
portos et
moelleux 2006

Les portos et les moelleux

Au palmarès des trucs-doux-qui-collent-doigts-et-palais-et-qui-rendent-gaga-de-bonheur, votre intérêt est grand et votre gourmandise, abyssale. Pour mettre en appétit comme pour alimenter cet autre appétit qui, en fin de repas, saura mettre le feu aux poudres, la douceur des vins vinés, passerillés, et celle des autres vins de liqueur règlent à la hausse votre humeur comme le ferait, par exemple, ce bon vieux carré de chocolat avec un indice en cacao de 70 %.

Pourquoi le nier ? C'est bon, alors vous en profitez. Bien sûr, vous faites votre miel du porto, surtout dans sa version tawny, plus subtile et suggestive. Mais il y a aussi sauternes et jurançons, vini santi et xérès doux, madères et marsalas, tous habiles à tracer la voie à un péché si véniel que c'est à se demander s'il relève encore de l'ordre du péché.

La sélection qui suit vous en propose quelques-uns, à commencer par le roi du Douro portugais. Pour ce qui est de ce dernier, il est à noter que seul le porto de type vintage et late bottle vintage (de style traditionnel) gagnent à être couchés en cave pour leur évolution ultérieure. Débouchés, ils se conservent tout au plus une semaine alors que les tawnys, en raison de leur caractère oxydatif, tiennent le coup plus longtemps.

Les différents styles de portos

Sans trop utiliser le jargon œnologique, disons que le porto est avant tout un vin muté (ou viné) avec une eau-de-vie vinique incorporée graduellement au moût (composé principalement des cépages touriga nacional, touriga francesa, tinta roriz, tinta barroca et tinta cão); cela a comme conséquence un arrêt des fermentations responsables de cette part importante de sucres résiduels qui vous fera vous pourlécher les babines.

Le vintage

Le millésime est exceptionnel? Le négociant le déclare alors «porto vintage». Court séjour de deux années en «pipes» (gros fûts portugais) et hop! en bouteille. Un peu comme un bordeaux qui a besoin de temps sous verre pour nuancer ses parfums, l'alcool en moins. Rare, le vintage représente moins de 5% de la production: c'est l'or noir du Douro.

Le tawny

Le vin séjourne un minimum de trois années sous bois pour que le tawny prenne vie. L'équilibre entre le fruité, l'alcool et la part oxydative qui s'impose à mesure que le vin respire sous bois est ici capital et détermine le caractère du vin. Celui-ci acquiert alors, en se dépouillant tel un grand bourgogne, une palette aromatique folle, allant du pain d'épices au brou de noix en passant par le caramel, la vanille, et j'en passe. Millésimé, il porte le nom de Colheita sur l'étiquette, avec comme obligation légale un séjour minimum de sept ans en fût. L'ajout de la mention Quinta signifie que le vin provient exclusivement d'un vignoble spécifique, sinon, il est le résultat de l'assemblage de cuvées qui ont séjourné 10, 20, 30, voire 40 ans et plus à l'ombre des douelles. Le tawny cesse toute forme d'évolution après sa mise en bouteille.

Le late bottle vintage (LBV)

Ce type de porto est en réalité un vintage en plus modeste (et donc millésimé) dont on aurait «accéléré» le vieillissement en le laissant se développer de quatre à six années en fût. Couleur, caractère et fruité soutenu sans toutefois la profondeur innée des vintages. Le LBV traditionnel, coiffé d'un liège, est quant à lui mis en bouteille sans filtration et peut donc évoluer gracieusement couché en bouteille pendant de longues années.

Le ruby, le vintage character, le crusted port

Vieilli en vrac pendant deux ou trois ans et embouteillé jeune, le ruby est le plus simple et le moins cher des portos, alors que le vintage character est en réalité un ruby de première qualité vieilli en vrac plus longuement (de cinq à sept ans). Le crusted port, quant à lui, n'est nul autre qu'un assemblage de vintages (et donc millésimés) dont la «croûte» développée au vieillissement est le résultat d'une absence de filtration.

Le porto blanc

Si «le premier devoir d'un porto est d'être rouge», il ne saurait être question de bouder le porto blanc, surtout servi bien frais (avec ou sans glaçons) à l'apéritif, avec des noix et des olives vertes. Assemblage de raisins blancs subissant une plus courte macération que pour le rouge, avec un mutage identique ou presque puisqu'il titre en général de 16,5% à 17% alc./vol. contre 19% à 20% alc./vol. pour le rouge. Les styles, du plus sec au plus doux, sont marqués par une pointe de rancio dynamisé par une franche acidité. Ils sont prêts à boire dès la mise en bouteille.

Les autres douceurs

Les vendanges dites « tardives »

Plusieurs vins dans le monde entrent dans cette catégorie. Le plus connu est sans doute le sauternes, qui allie équilibre et élégance avec une rare régularité. Une espèce de noblesse qui arrache à la terre des bijoux de luxure, à la limite du dérèglement des sens. Il y a aussi le jurançon, les blancs d'Alsace et de Loire, l'aszu hongrois ou encore l'incomparable riesling allemand, capable lui aussi d'atteindre des sommets de magnificence.

Le principe est simple : les raisins laissés sur pieds à la vigne en fin de parcours végétatif vont graduellement perdre en eau ce qu'ils vont gagner en sucre, avec un léger fléchissement de l'acidité. C'est la dessiccation. Ils pourront de même, selon le cas, être affectés de ce petit champignon microscopique responsable de la pourriture noble et gentiment appelé *Botrytis Cinerea*.

Le passerillage

Il faut remonter à l'Antiquité, autour du bassin méditerranéen, pour retracer les premiers nectars passerillés. Les raisins ratatinés sur souche ou récoltés et mis à sécher sur lit de paille ou suspendus sous les poutres de greniers bien aérés constituent l'essentiel de la technique du passerillage. Entrent dans cette catégorie (appassimento) le vino santo toscan, déjà administré aux malades au Moyen Âge pour ses vertus curatives, le picolit du Frioul et le verduzzo (ramandolo) des Colli Orientali italiennes, le recioto blanc (torcolato) de Vénétie, l'Albana di Romagna ou le Sforzato de Valteline. Il ne faudrait pas non plus oublier le vin de paille d'Hermitage ou du Jura, les xérès, Montilla et Malaga d'Espagne, le tokay de Hongrie, ou encore le grandiose Constantia d'Afrique du Sud.

Le vin de liqueur

Le madère est sans conteste le vin de liqueur non seulement le plus célèbre mais aussi celui dont l'espérance de vie, en raison de son élaboration particulière, semble éternelle. Les différentes techniques d'élaboration ne sont pas seulement étrangères à sa longévité, mais celle-ci tient surtout à ce caractère typique de rancio noble dont il se parfume.

Grosso modo, il s'agit d'un vin dont on aurait soit porté le moût à des températures avoisinant les 45 °C grâce à un système de serpentins chauffés (*estufagem* de type commercial), soit, plus naturellement, laissé s'affiner à l'intérieur de *pipas* (600 litres) logées sous les toits des *lodges* de Funchal, chauffés par un soleil de plomb. Allant du plus sec au plus doux, les cuvées s'élaborent à partir des cépages blancs sercial, verdelho, bual et malvasia à l'intérieur d'une brochette de qualité allant du vin en vrac (de 30 % à 40 % de la production) au vintage (20 ans de fût minimum plus deux autres années en bouteille) en passant par le finest (trois ans d'âge), le reserve (cinq ans d'âge), le special reserve (le plus jeune des vins a environ 10 ans d'âge) et l'extra reserve (15 ans d'âge).

Aussi considérés comme vins de liqueur, le pineau des Charentes (version cognaçaise), le floc de Gascogne (version armagnacaise) et le macvin (version jurassienne) où le jus de raisin frais est naturellement muté à l'eau-de-vie locale.

LES MEILLEURS PORTOS BLANCS

Porto Blanc Ferreira

14,95 $
★★★

571604
Portugal / Haut-Douro – Porto
Sogrape Vinhos SA
Cépage(s) : arinto, boal, viosinha

Ensemble plus riche, plus vineux et moelleux que chez Fonseca, avec cette impression de plénitude qui lui permet de tenir admirablement avec le dessert. Arômes et goût de noisette, de figue et de zestes d'agrumes sur une finale longue et peu acide. Le tout à prix d'ami !

Ambiance Copain   Garde du vin CT

Porto Fonseca Guimarens blanc

14,95 $
★★★

BONNE
AFFAIRE

276816
Portugal / Douro – Porto
Fonseca Guimarens Vinhos
Cépage(s) : arinto, boal

J'adore ce style bien sec et parfaitement adapté à l'apéro qui ne manque pas de mordant avec son léger rancio noble évoquant les olives vertes, les fruits secs et le pain d'épices. Raffiné.

Ambiance Copain   Garde du vin CT

Offley Cachucha

19,05 $
★★★

582064
Portugal / Haut-Douro – Porto
Sogrape Vinhos de Portugal SA
Cépage(s) : boal, viosinha, arinto

Je ne m'en lasse pas ! Présent dans le guide de l'année dernière, ce Cachucha risque d'y être encore dans les éditions futures tant il apporte avec lui une joie simple et spontanée qu'un fruité enjoué à peine rancio sait entretenir à merveille. Un porto intense, concentré et empreint de douceur. Tout le contraire de la cuvée en blanc de Ferreira, plus sec. Bref, le Charles Trenet du porto blanc !

Ambiance Copain   Garde du vin CT

Porto Blanc Taylor

22,05 $
★★★

164111
Portugal / Douro – Porto
Taylor Fladgate
Cépage(s) : arinto, boal

Matière, densité, vinosité, mais surtout beaucoup de gras pour un porto qui offre un fruité enrobé dont on ne veut absolument pas se départir tant il est convaincant. Un style moderne qui évite l'approche oxydative, capable de tenir tête aux olives et aux saucissons épicés.

Ambiance Copain   Garde du vin CT

LES MEILLEURS PORTOS ROUGES

Porto Niepoort Junior Tawny   14,70 $
★★ 1/2

490052
Portugal / Haut-Douro – Porto
Niepoort
Cépage(s) : boal, arinto

Bouche grasse, fruité abondant virant doucement sur des nuances figuées et caramélisées diablement sexées : l'entrée de gamme de la maison présente encore une fois de quoi satisfaire les gourmands en matière de portos accessibles et invitants à partager. La tarte à la ferlouche semble toujours lui convenir à merveille.

Ambiance Copain   Garde du vin MT

Quinta do Infantado Meio-Seco Ruby   17,65 $
★★ 1/2

612325
Portugal / Douro – Porto
Quinta di Infantado
Cépage(s) : tinta roriz, touriga francesa, touriga nacional

Voilà, à bon prix, un ruby aux allures de LBV tant il décline son fruité avec sérieux, rigueur et nervosité. Beaucoup de mâche sur un registre simple mais convaincant. Pour ceux et celles qui en redemandent !

Ambiance Copain   Garde du vin CT

First Estate Reserve Port

17,95 $
★★ 1/2

309401
Portugal / Douro
Taylor Fladgate
Cépage(s) : tinta cao, tinta francesa, touriga nacional

Un rubis jeune et dynamique qui n'a pas besoin de présentation. Il s'ouvre sur le fruit le plus simplement du monde et s'en va en vous laissant sur le même fruit à mâcher le plus savoureusement du monde. Le servir autour de 12 °C à l'apéro pour catapulter le fruité plus loin encore !

Ambiance Copain   Garde du vin CT

Dow's Late Bottle Vintage 2000

19,95 $
★★★

533364
Portugal / Douro – Porto
James R. Dow
Cépage(s) : touriga nacional, tinta barroca, tinta francesa

Ce LBV joue à la fois sur la tension et la relaxation, la puissance et la souplesse, rendues encore avec tact et sobriété, comme c'est souvent le cas pour la maison. Registre floral rapidement relayé par un fruité sucré pas très large, mais insistant et chaud sur la finale. Pas le type de porto d'apéro, mais plutôt un candidat pour le cheddar fort.

Ambiance Copain   Garde du vin MT

Anno Late Bottle Vintage 1998   20,35 $
★★★

156851
Portugal / Douro
Cockburn's Smithes & Co
Cépage(s) : touriga nacional, tinta roriz, tinta francesa

Un LBV «émancipé» par sept années de «pipes» pour un vin muté bourré de caractère, complexe et puissant, décidé à vous plonger en plein exotisme avec ses goûts riches de figue, de réglisse, de datte et de prune chaude. Plein, viril, sensuel.

Ambiance Copain   Garde du vin CT

Porto Late Bottle Vintage 2000   20,60 $
★★★

046946
Portugal / Douro
Taylor Fladgate
Cépage(s) : touriga francesa, touriga nacional, tinta roriz

Couleur, chaleur, arômes et saveurs : tout y est. Avec le style Taylor, axé sur l'élégance et une vinosité subtile qui étire le fruité sans le rompre. Bel équilibre d'ensemble pour un vin muté pas très large, mais où, en revanche, la fraîcheur domine. À l'apéro, avec des pruneaux fourrés aux lardons…

Ambiance Copain   Garde du vin CT

Dona Antonia Réserve Personnelle Tawny — 20,95 $ ★★★

865311
Portugal / Haut-Douro – Porto
Sogrape Vinhos SA
Cépage(s) : touriga francesa, touriga nacional, tinta roriz

Assemblage de cuvées judicieusement élevées pour un tawny. Suave, harmonieux, élégant, pas trop sucré et qui, sans être très profond, livre un profil des plus élégants, sans doute à l'image de dona Antonia elle-même.

Ambiance Copain   Garde du vin LT

BONNE AFFAIRE

Graham's Six Grapes Vintage Character — 22,75 $ ★★★

208405
Portugal / Haut-Douro – Porto
W.& J. Graham's & Ca. SA
Cépage(s) : tinta roriz, touriga francesa, touriga nacional

Ce vintage qui n'en est pas un mais qui en donne sérieusement l'impression offre beaucoup pour le prix demandé. Comme toujours chez Graham's, ensemble fruité chargé, juteux et sucré, mais qui affiche tout de même du maintien et une certaine classe. Délicieux avec le stilton.

Ambiance Copain   Garde du vin CT

Ramos Pinto Porto LBV 1998

27,95 $
★★★ 1/2

743187
Portugal / Douro – Porto
Adriano Ramos Pinto
Cépage(s) : touriga nacional, tinta roriz, tinta francesa

Magnifique LBV de garde à la sève puissante, concentrée et finement étoffée qui vous déroule le tapis de velours en bouche avec beaucoup de brio et d'éclat. Finale longue, harmonieuse et bien tassée. Excellent sur toute la ligne. Gagnera même à vieillir quelques années.

Ambiance Copain Garde du vin MT

Offley 10 ans

28,70 $
★★★ 1/2

260091
Portugal / Nord – Douro
Sogrape Vinhos de Portugal SA
Cépage(s) : touriga francesa, tinta roriz, touriga nacional

J'apprécie la trame fine, chaleureuse et «éclairée» de ce tawny de 10 ans, qui donne l'impression de saisir la lumière en contre-jour tant il rayonne sereinement au palais. Un vin sensuel dont la part oxydative s'ajuste à merveille à l'écho d'un fruité hautement savoureux. À l'apéro comme au digestif, avec des amandes grillées, une tapenade et autres anchoïades.

Ambiance Copain Garde du vin LT

Offley Colheita 1990

31,00 $
★★★★

440370
Portugal / Nord – Douro
Sogrape Vinhos de Portugal SA
Cépage(s) : touriga francesa, tinta roriz, touriga nacional

Ce tawny millésimé est une pureté. Ses parfums, subtils et pénétrants, ne sont que le prélude à ce qui suit en bouche. Lisses, satinées, aplanies par le temps mais encore pleines de vigueur, les saveurs défilent sans impression de lourdeur ni de sucrosité. Un vin de soir, entre chien et loup, quand l'état de grâce vous gagne. Goûtez-le avec des lamelles de foie gras poêlé aux raisins… Mmm !

Ambiance Copain

Garde du vin LT

Porto Tawny 10 ans

34,25 $
★★★★

632349
Portugal / Haut-Douro – Porto
Burmester
Cépage(s) : touriga nacional, tinta roriz, touriga francesa

La robe acajou clair dépouillée annonce déjà un bouquet à haute tonalité d'expression, très près du raisin confit macéré, du santal et du thé noir à peine fumé, avant de poursuivre sur une bouche intense et capiteuse, volontaire, longiligne, très fraîche et poivrée. La maîtrise de l'assemblage est ici évidente. Du beau boulot.

Ambiance Copain

Garde du vin LT

Martinez Tawny 10 ans

37,00 $
★★★★

297127
Portugal / Haut-Douro – Porto
Martinez Gassiot & Co. Ltd
Cépage(s) : tinta roriz, touriga francesa, touriga nacional

Voici l'un de mes tawnys préférés parce qu'il n'est jamais trop riche, ni trop sucré ni trop gras, et encore moins lourd et «alcooleux». Plutôt un vin muté qui se décline avec tout le détail d'un vin sec auquel on aurait ajouté le moelleux de l'alcool. Rancio noble sur la longue finale. Servir à 15°C et le siroter pour ce qu'il est.

Ambiance Copain   Garde du vin LT

Porto Messias 1982

38,75 $
★★★ 1/2

334771
Portugal / Douro – Porto
Vinhos Messias L.A.
Cépage(s) : tinta cão, bastardo, touriga francesa

Vingt-deux années passées derrière les douelles pour un tawny travaillé à l'ancienne. Robe fauve pâle, parfums capiteux, complexes, avec dominante de rancio noble et bouche d'abord grasse puis s'étirant progressivement sur une sucrosité fine avec goût chaud et prononcé de pacane, de caramel, de vieux rhum. Allonge très appréciable. Le digestif par excellence, surtout servi autour de 14°C.

Ambiance Copain   Garde du vin LT

Quinta de Ervamoira Tawny 10 ans

45,50 $
★★★ 1/2

133751
Portugal / Douro
Ramos Pinto
Cépage(s) : tinta barroca, touriga nacional, tinta roriz

Séducteur à souhait et constant impénitent : c'est la marque de commerce de ce tawny dont on a freiné récemment les extravagances en fût par sa mise en bouteille. On y a préservé un registre extrêmement détaillé où le fruité du confit de datte rivalise avec des nuances de caramel blond, de bois, de girofle, de zeste d'agrumes. La bouche est riche sans être grasse, plutôt étirée et chaude comme une tire Sainte-Catherine qui ne veut plus se rompre. À siroter au dé à coudre mais en multipliant les services !

Ambiance **Détente**   Garde du vin LT

Porto Offley Tawny 20 ans

58,00 $
★★★★

284224
Portugal / Haut-Douro – Porto
Sogrape Vinhos SA
Cépage(s) : tinta roriz, touriga francesa, touriga nacional

Un bon tawny au caractère toujours aussi complexe, fougueux et capiteux, avec des saveurs d'abord filiformes et peu sucrées, qui gagnent en ampleur pour parvenir à un équilibre judicieux entre le caractère du fruit sec et la pointe oxydative. Finale longue et consistante. Les pruneaux fourrés au chocolat ajouteront ici à la provocation...

Ambiance **Copain**   Garde du vin LT

Taylor Fladgate Tawny 20 ans

70,00 $
★★★★

149047
Portugal / Douro
Taylor Fladgate
Cépage(s) : touriga nacional, tinta roriz, tinta barroca

Attention ! Éloignez le verre de votre nez, car dans ce cas-ci, c'est le vin qui vient à vous. Il y vient avec tant d'autorité, d'ampleur, mais aussi de finesse et de complexité, qu'il propose à ce stade d'oublier sa mise en bouche. Il vous captive grâce à ses effluves de cèdre et d'épices. Peu sucré en bouche, il démarre en force avec beaucoup de vitalité, culmine sur la noix fraîche et se retire longuement sur la griotte à l'eau-de-vie et une pointe de cuir frais. Royal !

Ambiance Copain   Garde du vin LT

Porto Fonseca Vintage 2000

132,00 $
★★★★★

708990
Portugal / Haut-Douro – Porto
Fonseca Guimarens
Cépage(s) : touriga nacional, touriga francesa, tinta roriz

Un véritable dandy, ce millésime, et un ensemble hors norme : caramel fin et bonbon à la violette, bouche de première fraîcheur, satinée et consistante, brillant d'un fruité tel qu'il s'accroche sur la finale et la prolonge longuement. Après cela, même le paradis paraît fade ! Du grand porto, bon maintenant, mais aussi dans 20 ans.

Ambiance Copain   Garde du vin LT

LES MEILLEURS MOELLEUX

Concha Y Toro Sauvignon Blanc Vendanges Tardives 2002

12,60 $ les 375 ml
★★★

284240
Chili / Vallée de Maule
Concha Y Toro
Cépage(s) : sauvignon blanc

J'ai toujours plaisir à siroter ce blanc doux, arrondi par juste ce qu'il faut de sucres résiduels et de fraîcheur pour en faire le moelleux passe-partout, pour toutes les occasions. Agrumes, petits fruits jaunes avec une pointe herbacée derrière, typique des vins chiliens. Le servir autour de 8 °C à 10 °C avec une mousse de foies blonds ou une salade de fruits frais.

Ambiance Copain   Garde du vin CT

Neige La Face Cachée de la Pomme

15,05 $ les 375 ml
★★★

733188
Québec / Montérégie – Hemmingford

Voici un cidre liquoreux qui n'a pas froid aux yeux. Il brille par l'éclat net et franc d'un fruité de pomme dont on ne se lasse pas et qu'une acidité percutante ravive avec émotion. Ferait d'un pudding chômeur comme d'un saint-honoré un dessert de roi, mais quoi qu'il en soit, ne le servez pas à –25 °C !

Ambiance Amour   Garde du vin CT

BONNE AFFAIRE

Alambre 2000

15,85 $
★★ 1/2

357996
Portugal / Lisbonne – Moscatel de Setubal
J. Maria da Fonseca Succs. Vinhos
Cépage(s) : muscat

Vous plongez ici dans un vin doux naturel dont les parfums de miel abricoté et les saveurs onctueuses et fines sont si soutenus qu'ils feraient perdre la tête et battre de l'aile à une abeille qui viendrait y butiner son butin! Un vin d'apéro à servir autour de 12 °C (sans glaçons!) avec des biscuits craquants aux amandes, une entrée de foie gras poêlé aux raisins ou encore, au dessert, une tarte fine et peu sucrée aux fruits blancs et jaunes. Un régal, à petit prix!

Ambiance Quotidien   Garde du vin LT

Château de la Peyrade 2002

22,00 $
★★★ 1/2

703397
France / Languedoc-Roussillon
Yves Pastourel et fils
Cépage(s) : muscat à petits grains

Le complément au Rivesaltes des frères Cazes cités dans ce guide. Même pureté fruitée, même ambition à servir le muscat sur un nuage de délicatesse et de subtilité d'expression avec une liqueur fine, vivante, admirable de suavité. Servir à l'apéro, frais et non glacé, sur une mousse de foie de volaille aux pistaches.

Ambiance Amour   Garde du vin CT

Brillet Extra Vieux Pineau des Charentes

22,05 $
★★★ 1/2

733162
France / Charente-Maritime – Pineau des Charentes
Brillet
Cépage(s) : ugni blanc

Oubliez le petit pineau à l'eau de rose, car celui-ci vous emmène bien au-delà avec sa liqueur riche et onctueuse de pomme, de pâte de coings, d'abricots et de miel à vous coller les gencives et faire fondre de bonheur. Une espèce de décadence mise en bouteille pour réveiller le soir qui tombe, les cailles farcies aux raisins ou les doigts de dames trempés dans de la crème de marron. C'est pas beau, ça ?

Ambiance Détente   Garde du vin LT

Château Jolys Cuvée Jean 2001

24,60 $
★★★

913970
France / Sud-Ouest – Jurançon
Sté des Domaines Latrille
Cépage(s) : petit manseng

Voilà un moelleux qui sait se faufiler entre les fines lamelles citronnées et miellées pour s'arrondir juste ce qu'il faut en milieu de bouche et enfin, terminer avec brio, sans lourdeur, en douceur. Un vin fin, pour ne pas dire féminin, que j'affectionne depuis plusieurs millésimes déjà et qui ne devrait nullement contrarier la mousseline de foie de volaille légèrement aromatisée de cumin.

Ambiance Amour   Garde du vin MT

M uscat de Rivesaltes 2002

25,80 $
★★★ 1/2

961805
France / Languedoc-Roussillon
– Muscat de Rivesaltes
Domaine André et Bernard Cazes
Cépage(s) : muscat

Déjà, la robe brillante et dorée par le soleil invite à la richesse et à l'onctuosité, mais, en plus, sa texture combine adroitement amertume et acidité sur une finale longue et exotique. Abricot, miel, zeste d'orange confite : tout y est. Ne manque que les amandes grillées à l'apéro ou le foie gras poêlé aux raisins de muscat pour qu'il s'accomplisse pleinement. Signé Cazes.

Ambiance Amour   Garde du vin CT

I Capitelli 2003

31,25 $
★★★ 1/2

715052
Italie / Vénétie – IGT Veneto Passito Bianco
Anselmi
Cépage(s) : garganega

Imaginez des abricots macérés dans du miel et étalés entre les feuilles d'un millefeuille chaud parfumé aux amandes… Ce vin passerillé pourrait accompagner la pâtisserie à merveille, mais il en offre les mêmes variations sur le plan de la gourmandise. Un moelleux séduisant, jamais écrasant, toujours élégant.

Ambiance Amour   Garde du vin CT

Domaine Cauhapé Symphonie de novembre Jurançon 2001

39,25 $
★★★ 1/2

BONNE AFFAIRE

10257491
France / Sud-Ouest
Henri Ramonteu
Cépage(s) : petit manseng

Meilleur que le 1999 ou le 2000 ? J'avoue ne pas savoir, mais ce que je sais, c'est que cette première trie de petit manseng touche encore au but avec sa matière fruitée riche, douce et moelleuse, rapidement mise sur les rails de l'équilibre, du sucré et de l'amer, avec fraîcheur et épaisseur. Savourez-le avec une rondelle de foie gras au torchon, rehaussé d'une gelée de coings.

Ambiance Amour   Garde du vin MT

Belle de Brillet

43,00 $
★★★

532143
France / Charente-Maritime
J. R. Brillet
Cépage(s) : sémillon, ugni blanc

Quand la poire dodue mêle sa destinée aromatique à celle de la célèbre eau-de-vie des Charentes pour une union moelleuse, pour ne pas dire radieuse, on assiste alors à un épanchement savoureux des plus révélateurs ! C'est gras, c'est chaud, c'est capiteux, onctueux, avec cette impression de croquer à tout moment le grain du fruit mûr. Servir à 12 °C avec une tarte aux poires ou même, pourquoi pas, un vieux fromage cheddar.

Ambiance Amour   Garde du vin LT

Mas Amiel Prestige 15 ans d'âge

45,25 $
★★★★

884312
France / Maury
Olivier Decelle
Cépage(s) : grenache noir

J'aurais pu aussi vous présenter les remarquables cuvées Charles Dupuy 2001 et Privilège 1997 (en attendant la glorieuse cuvée 2002) toujours offertes sur nos étalages, parce que tout est bon depuis l'arrivée du sympathique et énergique Olivier Decelle (et de son maître de culture). Et quand je dis bon, je dis bonbon. Ici, le grenache, marqué par les différences de parcelles, trouve dans toutes ses cuvées des expressions encore inégalées à l'intérieur de l'appellation. Ce tawny de 15 ans vaut le détour pour la singularité de son soyeux, l'étonnante complexité de sa trame aromatique et gustative, sa finition impeccable et son allonge remarquable. Havane ? Fourme d'Ambert ? Mousse au chocolat ? Ou toutes ces réponses ?

Ambiance Détente   Garde du vin LT

Château Bastor-Lamontagne 1998

52,00 $
★★★ 1/2

225672
France / Bordeaux – Sauternes
SCEA Domaines Viticoles Crédit Foncier
Cépage(s) : sémillon, sauvignon

Avant l'arrivée de la cuvée 2004, dégustée en primeur en avril dernier, et placée parmi les meilleures, ce millésime 1998 semble gagner en détails avec le temps, même s'il ne sera jamais un monstre de complexité. Un moelleux bien calibré, peu botrytisé, parfaitement harmonieux. Ouvrez le repas avec des toasts recouverts d'une fine lamelle de foie gras badigeonnée d'huile de truffe. Eh oui, rien que ça !

Ambiance Détente   Garde du vin CT

B en Ryé 2002

70,00 $
★★★★

897462
Italie / Sardaigne – Passito di Pantelleria
Donnafugata
Cépage(s) : zibbibo

En matière de dépaysement, rien ne semble vouloir altérer sa capacité de surprendre, d'émouvoir et de combler l'amateur, si ce n'est l'augmentation faramineuse de son prix. Faudra diminuer la dose car ce muscat, qu'on dit libidineux, va encore droit au but ! Pure marmelade de fruit lovée sur une trame onctueuse, vivante, concentrée mais aussi très élégante de facture. La fine touche de rancio sur la finale ajoute à sa complexité. Quand le savourer ? Ça, c'est votre affaire !

Ambiance Amour   Garde du vin CT

Les meilleurs
spiritueux
2006

Les spiritueux

En raison de la combustion interne alimentée par un degré d'alcool élevé, la dégustation d'une eau-de-vie ne se fait pas à la légère. Pour l'olfaction, et avant de vous enflammer, procédez en deux temps.

Tenez d'abord le verre (de forme tulipe à buvant fin) à une certaine distance de votre nez afin d'en capter l'esprit et la subtilité aromatiques. Rapprochez-le ensuite, pour que les arômes plus lourds se manifestent. Puis goûtez, mais attention ! Une goutte seulement, que vous ferez rouler au palais en évitant de ventiler le tout avec de l'air comme vous le feriez pour le vin. Notez à la fois densité, texture, dynamisme et longueur, puis avalez (ou recrachez).

Pour la dernière étape, et non la moindre, les eaux-de-vie plus colorées (whisky, cognac, armagnac, rhum, etc.) trouveront à laisser derrière elles le souvenir de parfums intrigants et changeants sur les parois de votre verre vide. C'est aussi là que se consument les braises d'une eau-de-vie qui trouve substance à épaissir son mystère tout en repoussant l'instant où elle deviendra souvenir…

Pour vous en convaincre, j'ai sélectionné pour vous cette année les meilleures candidates à l'intérieur des différentes familles d'eaux-de-vie qui sauront, tant à titre d'initiation que d'approfondissement en la matière, toucher votre palais. Apprivoisez-les donc en toute quiétude.

Mais auparavant, quelques mots sur la plus célèbre eau-de-vie de la planète et incontestablement le roi de la famille des brandys : le cognac. Malheureusement, cette « institution » charentaise ne trouve plus chez le consommateur qu'un écho mitigé alors qu'il se voit désormais apprêté en *long drink* et autres cocktails qui en dénaturent à mon sens l'incomparable valeur historique. Comme le champagne, le cognac fait partie du patrimoine culturel de la France. Et pourquoi pas de l'humanité. Dommage que le marketing contemporain le banalise sous la rubrique « tendance » et lui vole ainsi son âme. Il faut s'empresser de raconter à nouveau l'histoire du cognac, car elle est aussi longue à narrer qu'il est long à savourer. Bref, le cognac demeure plus que jamais le *slow drink* par excellence pour celles et ceux dont le temps n'est plus nécessairement de l'argent, mais de l'or fauve en bouteille…

Le cognac : spirituel et raffiné

Issue des départements de la Charente et de la Charente-Maritime, en bordure de l'océan Atlantique, l'appellation cognac se décline en six crus qui s'emboîtent les uns dans les autres en se resserrant très près du hameau de Cognac. Par ordre croissant de qualité, on distingue la Grande Champagne (pour son élégance naturelle), la Petite Champagne (pour son fruité exquis), les Borderies (pour ses notes fines de rancio léger à la manière d'un tawny portugais), les Fins Bois (pour sa légèreté florale), les Bons Bois et les Bois Ordinaires. Des sous-sols de craie (campanienne et santonienne, en comparaison avec la craie à bélemnites et micrasters de la Champagne viticole) forment les assises des deux premiers crus, avec une proportion plus soutenue d'argile pour les Borderies. Mélange plus important d'alluvions pour le reste. Le terroir est, à Cognac, un paramètre subtil mais important de qualité.

Côté distillation, le vin (issu des cépages ugni blanc, colombard, sémillon, cabernet, etc.), chauffé deux fois dans un alambic charentais en cuivre – la première chauffe appelée « brouillis » est un peu la carte génétique du futur cognac, alors que la seconde concentre le meilleur des éléments tout en éliminant le moins bon –, titrera environ 70 % d'alcool en volume, soit près du double de ce qui se retrouvera ultérieurement en bouteille. L'alcool blanc est alors brut, rêche, sans finition. Le séjour prolongé en fûts (de Tronçais ou du Limousin) de 350 litres, dans des chais d'une hygrométrie bien particulière à la Charente-Maritime (perte plus lente de l'alcool dans un chai sec, mais maturation favorisée dans un autre plus humide), peaufinera le cognac en abaissant son degré alcoolique au cours des décennies. On peut affirmer que 3 % des stocks, soit l'équivalent de deux millions de bouteilles, s'envolent tous les ans, laissant au passage sur les tuiles noircies du toit des chais la signature caractéristique de la très chic moisissure *Torula Compniacensis Richon*. La fameuse « part des anges ». Une information, ma foi, très utile pour relancer la conversation lors d'un dîner qui s'enlise ! Enfin, on « mouillera » l'eau-de-vie après son élevage et avant sa mise en bouteille, avec des « petites eaux » qui la feront passer au titre de 40 % par volume autorisé. Le cognac est prêt et n'évoluera plus sous verre.

Côté législation, les dernières réglementations entrées en vigueur en 1989 permettent dorénavant la mise en marché de cognacs millésimés. Mais c'est mal connaître la subtilité du seigneur des Charentes, qui trouve avant tout dans l'assemblage de terroirs et d'années de vieillissement différentes – la désignation d'un cognac fait toujours référence à l'élément le plus jeune entrant dans sa composition – l'expression de son incomparable palette de parfums où le fruité fin et exquis tient encore une place prépondérante. Ainsi, une maison sérieuse s'efforcera d'étoffer sa cuvée V.S. d'eaux-de-vie qui ont séjourné trois ans en fût, sa « Very Superior Old Pale » (V.S.O.P.), jusqu'à au moins cinq ans, alors que les mentions Vieille Réserve, X.O. (Extra Old), Napoléon ou Extra proposeront, selon l'exigence et la réputation de la maison, des mélanges d'eaux-de-vie dont la plus jeune a au moins six ans d'âge. La mention Fine Champagne sur l'étiquette, plus géographique celle-là, fait référence à l'assemblage de raisins issus de la Petite et de la Grande Champagne. C'est celui-là que je livre ponctuellement à ma mère dont les 75 ans bien sonnés trouvent à tous coups une nouvelle jeunesse !

Quelques suggestions

Pour la légèreté, l'excentricité, l'amabilité, la féminité…

- Hennessy X.O.
- Hine, Rare & Delicate Fine Champagne
- Réserve Spéciale Michel Vallet, Château de Montifaud
- Gaston de Lagrange VSOP

Pour l'autorité, l'intransigeance, la fougue, l'incorruptibilité…

- Cognac Augier 1989
- Cognac Hine, Cigar Reserve

Pour le classicisme, l'intemporalité, le luxe, la volupté…

- Château de Montifaud X.O.
- Hennessy Paradis
- Otard 1975 Extra
- Rémy Martin X.O.
- Brillet Très Vieille Réserve Grande Champagne
  1er et Single Cru
- Hine, Triomphe

Pour l'originalité, la présence, l'assurance tranquille, la sérénité…

- Napoléon Spécial Cigare, Château Montifaud
- Gautier Pinar del Rio Cigar Blend X.O.
- Marnier X.O. Grande Fine Champagne
- Rémy Martin V.S.O.P.

LES MEILLEURES GRAPPAS

Grappa di Bassano   51,00 $
★★★★

10284684
Italie / Vénétie
Jacopo Poli
Cépage(s) : cabernet, merlot

Comme toujours chez Poli, la générosité de la caresse olfactive précède celle de la bouche, moelleuse, presque grasse, sur un ensemble où planent sans cesse la richesse et l'intégrité du fruit. Du Mozart !

Ambiance Amour   Garde du vin LT

Grape Brandy Distillato   88,00 $
di Uva Moscato 2002   ★★★★

540963
Italie / Vénétie
Jacopo Poli
Cépage(s) : muscat

Le cépage muscat associe ici ses flaveurs sur une trame à la fois grasse et fluide, parfumée, un brin exaltée mais aussi profonde et captivante. Une eau-de-vie de fin de journée, avant que le jour ne ferme l'œil, pour mieux ouvrir le vôtre sur la nuit. Longueur en bouche jusqu'à l'aube garantie !

Ambiance Amour   Garde du vin LT

Grape Brandy Distillato di Uva Vespaiolo 2002

88,00 $
★★★★ 1/2

540971
Italie / Vénétie
Jacopo Poli
Cépage(s) : vespaiolo

L'alter ego de la version muscat du même auteur : une eau-de-vie fine et délicate lovée sur une trame invisible, mais dont le souvenir persiste et ensorcelle longuement. Une grappa de grand style, émouvante, jouant sur le glacé et la sensualité avec une impudeur qui en fera tomber plus d'un. À savourer sous les étoiles l'été, ou l'aurore boréale l'hiver…

Ambiance Détente   Garde du vin LT

Grappa Fragolino Monovitigno

91,00 $ les 500 ml
★★★★ 1/2

602912
Italie / Frioul
Nonino

La puissance ici contenue s'ouvre sur une sève fruitée, nourrie d'une amplitude qui gagne le palais pour le porter vers des sommets de fraîcheur et de luminosité. Une grappa de caractère à l'image sans doute des femmes qui la distillent…

Ambiance Détente   Garde du vin LT

LES MEILLEURES VODKAS

Absolut Citron

24,30 $
★★★

257238
Suède
V & S Vin & Spirit

Absolument citron que cette version aromatisée criante de vérité fruitée, à la fois tonique, intense et douce sans être trop sucrée.

Ambiance Copain

Vodka Ketel One

29,00 $
★★★★ 1/2

456095
Hollande
Distillerie Nollet

S'il n'y avait qu'une vodka à se procurer sur le marché québécois actuel, celle de la famille Nolet serait incontournable. Distillée comme un grand cognac ou un armagnac, elle affiche une palette très riche tout en était pourvue d'une élégance, d'un raffinement qui laisse méditatif après boire. Une vodka de blé, aux nuances de pain grillé, presque de blinis, sur une bouche à la fois grasse et aérienne, profonde et invitante, procédant par petites touches pour mieux mesurer... l'éternité. Top!

Ambiance Détente

BONNE AFFAIRE

Vodka Belvedere

38,75 $
★★★★

437772
Pologne
Polmos Zyrardow

Parfums très fins et légèrement grillés du seigle précédant une bouche grasse, presque sirupeuse mais fine et subtilement tonique, devenant plus épicée en milieu de bouche sans toutefois perdre de son moelleux et de sa consistance. Le final est long et généreux sans être chauffant. Excellente vodka de repas.

Ambiance Quotidien

LES MEILLEURS SCOTCHS

Chivas Regal 12 ans

42,25 $
★★★

007617
Écosse
Chivas Brothers

La référence en matière de *blended* et une régularité exemplaire pour une eau-de-vie faisant appel à une trentaine de whiskies pour sa composition finale. Arômes caressants et goût de gâteau de miel sur un ensemble qui, s'il demeure très accessible, possède tout de même tonus et relief. Se boit comme du petit-lait, donc gare!

Ambiance Copain

Highland Park 12 ans single malt   58,00 $
★★★★

204560
Écosse / Oarkney Islands
Matthew Gloag & Sons Ltd

Tout au nord de l'Écosse, une distillerie perdue dans la brume comme d'autres dans leur verre de scotch… Quelle subtilité paradisiaque! Quelle fabuleuse complexité! Et je ne vous parle pas de la texture… Parfums élégants de grillé et de miel de bruyère, de même que palais riche, moelleux et ample, où pointent la menthe, le cuir et l'iode. Très longue finale d'une distinction rare. À savourer les yeux fermés.

Ambiance Amour

Ardbeg single malt 10 ans   61,00 $
★★★★

560474
Écosse / Islay
Ardbeg Distillery

Voici un exemple de virilité qui s'assume mais qui sait faire aussi dans la dentelle. Un scotch tendu comme la ficelle d'un cerf-volant au-dessus des falaises écossaises, à la belle robe or vif, aux arômes intenses, fortement iodé et tourbé, et aux saveurs d'une poigne qui laisse place peu à peu au moelleux en se prolongeant sur une interminable finale. Superbe! Surtout avec la panse de mouton farcie aux abats et à l'avoine.

Ambiance Détente

Glengoyne 17 ans single malt

89,25 $
★★★★

306233
Écosse / Highland
Lang Brothers

Il y a quelque chose d'envoûtant dans ce malt écossais qui force à la réflexion, par sa robe sauternes d'abord, ses parfums nobles, délicats, détaillés, brillants, qui feraient la joie de parfumeurs, et sa bouche pointue ensuite, très fine, aromatique, aérienne et fidèle au malt qui lui a donné naissance, sans trace de tourbe. Une perle.

Ambiance Détente

LE MEILLEUR WHISKY D'IRLANDE

Bushmills Malt 10 ans

44,25 $
★★★

131870
Irlande
Old Buschmills Distillery

Fines notes de vanille et bouche onctueuse, presque gracieuse, qui joue à la fois la tendresse et la force contenue. Le malt des Irlandais ?

Ambiance Amour

LES MEILLEURES EAUX-DE-VIE DE FRUIT

Framboise Sauvage Massenez

34,75 $ les 375 ml
★★★ 1/2

562553
France
G.E. Massenez

Le fruité de framboise est ici si bien rendu que c'est à se demander comment on a pu lui rendre hommage sans la froisser. Hautement aromatique mais fine, avec du tonus dans la fibre et du moelleux dans les drupéoles. Finale longue, linéaire, parfaitement équilibrée.

Ambiance Amour

Poire Williams Massenez

48,00 $
★★★★

562561
France
G.E. Massenez

Les parfums précis et soutenus de la poire découpent à merveille le profil de cette eau-de-vie à la fois fine et extravertie, gracieuse et loquace, qui s'impose avec aisance sur une bouche onctueuse, nerveuse, juteuse, pénétrante et harmonieuse.

Ambiance Copain

LES MEILLEURS BRANDYS

BONNE AFFAIRE

Torres 10 ans Imperial Brandy

29,95 $
★★★ 1/2

094367
Espagne / Penedès
Miguel Torres SA

Ce brandy porte en lui la fougue, la chaleur et l'intensité de l'Espagne contemporaine aussi bien que son raffinement. Tiré du fût à son apogée, il offre aujourd'hui une palette complexe alliant fruits confits, épices, boisé et fumée sur une trame ample, chaleureuse, presque grasse. Eau-de-vie de nuit pour prolonger le regard comme le cigare. Jusqu'à l'aube... Signé Torres.

Ambiance Amour

Armagnac Tariquet V.S.O.P.

51,00 $
★★★

574707
France / Sud-Ouest – Armagnac
P. Grassa Fille & Fils

Un armagnac sensuel et déroutant, s'ouvrant sur des nuances de pain d'épices et de noix, pour culminer avec vigueur, moelleux et assurance sur des notes de cèdre et de mirabelle. Taillé pour les dames, mais susceptible d'intéresser aussi les hommes.

Ambiance Amour

Hennessy Very Special Cognac V.S.

56,00 $
★★★

008284
France / Charente-Maritime – Cognac
James Hennessy & Co.

Un grand classique par son approche en douceur, presque sur la pointe des pieds, offrant juste ce qu'il faut de profondeur sur une texture satinée propice à intéresser l'épicurien qui sommeille en vous.

Ambiance Détente

Cognac Courvoisier V.S.O.P.
Fine Champagne

71,00 $
★★★

009902
France / Charente-Maritime – Cognac
Courvoisier

Un cognac classique mettant l'accent sur le fruité avec une bonne dose de franchise et de clarté. Ajoutez une certaine complexité d'ensemble, du tonus et une rondeur savamment calculée, et vous avez là de quoi passer un bon moment. Une eau-de-vie apéritive.

Ambiance Détente

Cognac Rémy Martin V.S.O.P.

76,00 $
★★★ 1/2

004101
France / Charente-Maritime – Cognac
Rémy Martin

S'il rugit comme un lion, il montre rapidement en bouche l'agilité du chat qui n'arrête pas de rebondir. Avec chaleur, puissance, précision et assurance. Un grand classique où le fruité d'abord en rondeur laisse place à des nuances plus riches d'épices, le tout se terminant sur un final sec, droit, un rien autoritaire.

Ambiance Détente

Cognac Napoleon Château de Montifaud

93,00 $
★★★★

584235
France / Charente-Maritime – Cognac
Michel Vallet

Un cognac à la fois spirituel et sensuel stimulé par un assemblage d'eaux-de-vie dont les plus jeunes ont entre 12 et 15 ans d'âge. Nuances florales, avec pointe d'abricot, sur une finale longue, caressante et moelleuse.

Ambiance Amour

Cognac Gaston de la Grange X.O.

100,00 $
★★★★

574731
France / Charente-Maritime – Cognac
Château de Cognac

La robe roux vif précède ici un nez capiteux aux nuances de massepin, d'orange, relevé d'une pointe de mangue. La bouche est grasse et soyeuse, lisse, sucrée et sans aspérité. Un cognac de jouissance pure, multidimensionnel mais jamais déroutant, provocant et qui aime à mordre... sans les dents.

Ambiance Amour

Cognac Hennessy Paradis

400,00 $
★★★★★

208298
France / Charente-Maritime – Cognac
James Hennessy & Co.

Je m'en voudrais de ne pas partager avec vous ce que j'ai eu la chance de «vivre» encore une fois cette année avec cet assemblage de cognacs ayant jusqu'à 100 ans d'âge. Le bouquet, de type vieil amontillado, évoque la fumée, l'écorce, l'épice et un petit quelque chose de salé qui intrigue, alors que la bouche, intense, fougueuse, sucrée, profonde et complexe n'en finit plus d'en rajouter. Excessif? Oui, délicieusement excessif !

Ambiance Détente

LA MEILLEURE EAU-DE-VIE DE CANNE

Rhum Saint James Ambré

25,55 $
★★★

027763
France / Martinique
Rhum martiniquais Saint James

Un rhum facile d'approche, rond et épicé, qui sait retenir sa combustion intérieure pour mieux alimenter ses riches saveurs de caramel au beurre. À savourer seul ou allongé de soda, ou moins seul, allongé dans le hamac.

Ambiance Amour

25 vins
à plus de 25 $

25 vins à plus de 25 $

Les vins de moins de 25 $ constituent l'essentiel du panier de provision à la SAQ: ils représentent plus de 80 % des vins achetés. Mais, aussi bons soient-ils, ils ne devraient en aucun cas faire oublier ceux qui enjambent la barre des 25 $. Je le répète, le prix du vin, qu'il soit de modeste origine ou de grande lignée, se doit d'être étroitement lié au plaisir que l'on en retire. Il est vrai qu'un mauvais vin est toujours trop cher payé. En contrepartie, un vin exceptionnel mérite un déboursé exceptionnel.

Comme complément à ce guide, qui a pour mission de vous faire faire de belles découvertes à prix doux, je vous propose une sélection de vins de plus de 25 $, qu'ils soient dans la section des produits courants, en approvisionnement continu ou en spécialité, et qui sont tous (ou le seront sous peu) disponibles en tablettes. Des vins pour se faire plaisir ou à offrir, bien évidemment soumis aux mêmes critères d'évaluation que le reste de la bande.

Savoureuses aventures !

BLANCS

Capitel Foscarino 2004

25,15 $
★★★★

928218
Italie / Vénétie – Veneto IGT Bianco
Anselmi
Cépage(s) : garganega

La beauté de la chose, c'est que je ne m'en lasse pas. Je m'accroche, j'en redemande. Est-ce en raison de cette espèce de génie dans le fruité, de précision dans le doigté, de la simplicité d'exécution dans la complexité du canevas ? Je ne sais pas. Ce Foscarino parfume encore une fois la pièce entière, mais sans écœurer le moindrement. Il continue en bouche avec une suavité qui n'interdit pas la densité du fruité et se prolonge sur une finale doucement amère. À servir, par exemple, avec un paillard au citron.

Ambiance Détente

Garde du vin MT

Henri Bourgeois Pouilly-Fumé 2004

26,40 $
★★★

412312
France / Loire – Pouilly-Fumé
Henri Bourgeois
Cépage(s) : sauvignon blanc

Si le sauvignon a ici de larges et rondes épaules, il demeure tout de même agile dans ses articulations en raison d'une saine acidité. Heureusement d'ailleurs pour lui, car s'il demeure à la limite de l'exotisme, il sait aussi se servir du tremplin minéral de son terroir pour ne pas perdre les pédales... si je puis m'exprimer ainsi. Homard en sauce ou fromages de chèvre.

Ambiance Amour

Garde du vin CT

Domaine de la Moussière 2004

27,80 $
★★★ 1/2

033480
France / Loire – Sancerre
Alphonse Mellot
Cépage(s) : sauvignon blanc

Rien, mais absolument rien ne pourra vous faire reculer devant le charme contagieux, le plaisir sensuel et l'essence toute spirituelle de ce sauvignon de Loire qui, dans ce millésime classique, fait beaucoup plus que de vous jeter de la poudre aux yeux : il vous ensorcelle littéralement le palais ! Un blanc sec qui procède par petites touches, avec un fruité à la fois brillant, très pur et vibrant, dont la texture fine et nourrie gagne en volume et en densité, subtilement, sereinement. Le blanc des dimanches ensoleillés à servir sur un plateau de fruits de mer, par exemple, ou à siroter à l'heure où la soirée s'anime.

Ambiance Amour   Garde du vin MT

Château de Chantegrive
Cuvée Caroline 2002

28,00 $
★★★ 1/2

10238098
France / Bordeaux – Graves
SAS des vignobles H. & F. Lévêque
Cépage(s) : sauvignon, sémillon, muscadelle

Quel style ! Quelle finesse ! Le rêve à portée de bouche ! Et tout ça pour quelques dollars. Toujours dans le peloton de tête pour les blancs de l'appellation et dans un style qui le rapproche du succulent Clos Floridène, lui aussi très recommandable, ce blanc sec d'un suprême équilibre s'offre un boisé si détaillé et une texture si satinée en bouche que ce serait trop bête de ne pas l'inviter à votre table avec un veau à la crème, une poularde farcie ou des rognons doucement poêlés.

Ambiance Amour   Garde du vin CT

Château de Beauregard Pouilly-Fuissé « La Maréchaude » 2001

31,25 $
★★★ 1/2

872713
France / Bourgogne – Pouilly-Fuissé
Domaine Manciat-Poncet
Cépage(s) : chardonnay

On se fond littéralement dans ce vin comme on plonge dans un roman d'aventures sur la plage, à la fin d'une journée chaude. Il y a déjà de l'épaisseur, une saveur particulière, captivante et invitante, une volonté de poursuivre, encore et encore. Ici, le vin est opulent et se raconte, d'abord sur un fruité beurré et grillé, puis sur une longue finale où l'amer échange avec le discours plus épicé. La lotte crème et paprika ne vous racontera pas d'histoire, elle.

Ambiance Détente   Garde du vin MT

Maximin Grünhäuser Abtsberg Reisling Kabinett 2001

33,75 $
★★★★

10225246
Allemagne / Mosel-Saar-Ruwer
Der C. von Schubert'schen SchloBkellerei
Cépage(s) : riesling

L'une des grandes bouteilles de riesling à avoir atterri sur les tablettes cette année, avec, encore une fois, le vertige à bout de nez et de palais ! Essence de fruit comme il se doit, à la fois captivante, motivante et entreprenante, qui prend les sens en otage pour vous les rendre par la suite hébétés de bonheur. Et c'est peu dire ! Robe jaune pâle cristalline avec reflets verts typiques, arômes fins, intenses, aiguisés comme une lame de cristal, et bouche verticale, très fine avec une impression de densité sur la finale qui prolonge le vin. Veau, grands poissons blancs avec un beurre blanc au citron.

Ambiance Détente   Garde du vin LT

Chablis Grand Cru Vaudésir 2002

62,00 $
★★★★

749010
France / Bourgogne – Chablis
Domaine des Malandes
Cépage(s) : chardonnay

Belle robe pâle bien vivante, arômes discrets, très fins, jouant sur le fruit blanc mûr, le zeste d'agrumes, le fumé et le minéral, toujours avec subtilité. Bouche pas très large mais diablement précise, lisse et ronde, au fruité que rien ne vient amoindrir sinon le souvenir d'un terroir de cru. Harmonie parfaite pour un millésime de charme que l'on prend plaisir à savourer dès aujourd'hui. Caviar d'aubergine, nage d'écrevisses, beignet de thon, poulet de Bresse…

Ambiance Détente Garde du vin MT

Chablis Grand Cru Grenouille 2002

98,00 $
★★★ 1/2

863191
France / Bourgogne – Chablis
Château Grenouille G.F.A. La Chablisienne
Cépage(s) : chardonnay

Le Grand Cru Grenouille est sans doute celui qui se reconnaît le mieux à l'aveugle en raison de sa force de caractère et de cette affirmation naturelle sur le plan des saveurs. Fruité presque exotique relayé par un aspect minéral bien présent, pour un ensemble qui offre beaucoup de sève et de poids en bouche. Volailles, poissons ou mets safranés lui conviendront à merveille.

Ambiance Détente Garde du vin MT

ROUGES

Château Lousteauneuf
Art et Tradition 2002

26,10 $
★★★

913368
France / Bordeaux – Médoc
Segond et Fils
Cépage(s) : cabernet franc, cabernet sauvignon, merlot

Quand arrive le Lousteauneuf, je sais qu'il va y avoir du soyeux et de la fraîcheur, un suivi fruité harmonieux et un boisé toujours savamment adapté. Quand je savoure Lousteauneuf les yeux fermés, j'ai le cœur qui s'ouvre, la tête qui penche et le sourire qui pointe… de bonheur ! Du bon bordeaux, à la fois fiable et très classique, à servir avec une viande blanche ou rouge, en famille, le dimanche midi.

Ambiance Détente   Garde du vin CT

Condado de Haza 2002

26,35 $
★★★

978866
Espagne / Castilla Y León – Ribera del Duero
Condado de Haza S.L.
Cépage(s) : tinto del pais

Alejandro Fernádez nous livre encore un rouge de belle tenue, élégant et persistant en raison d'une acidité admirablement liée à des tanins mûrs et structurants. Un solide rouge de caractère, bien servi par un boisé noble et parfaitement dosé, à servir avec le gigot de mouton, les brochettes de bœuf marinées et même, avec des rognons déglacés au porto.

Ambiance Détente   Garde du vin CT

B rolo di Campofiorin 2000

29,85 $
★★★★

583369
Vénétie – IGT Rosso di Veronese
Masi, Italie
Cépage(s): corvina, rondinara, molinara

La puissance devient ici l'élément qui soulève et intensifie un fruité riche et compact dont l'approche confite de griotte laisse le goûteur longuement méditatif. Un vin de soir, texturé et insistant, charpenté et vineux, dont la trame tannique fine et bien nourrie prolonge une finale harmonieuse. Viandes braisées, évidemment, mais aussi risotto au *parmigiano reggiano*.

Ambiance Détente   Garde du vin MT

B arolo 2000

31,00 $
★★★

020214
Italie / Piémont – Barolo
Fontanafredda
Cépage(s): nebbiolo

Le 1999 m'avait étonné l'an passé, et ce 2000 poursuit dans la même veine. Pas très complexe ni profond, il offre pourtant un registre fin et détaillé qui, couplé à une trame tannique très civilisée, permet sa dégustation aujourd'hui sans s'arracher un rictus déplacé. Un barolo classique, moderne, qui accompagnera avec bonheur un paillard ou un risotto au jus de truffes. La maison Fontanafredda est décidément en pleine ascension et désormais en pleine possession de ses moyens.

Ambiance Détente   Garde du vin MT

Coldstream Hills 2002

31,00 $
★★★ 1/2

472613
Australie / Yarra Valley
Coldstream Hill
Cépage(s) : pinot noir

Livrant son profil chaud, sensuel et captivant de fraise des champs, de réglisse et de sous-bois, ce pinot noir d'excellente facture livre ici son jeu avec assurance et style. Servez-le autour de 16 °C pour en tirer la fraîcheur, la souplesse et la vinosité, et accompagnez-le d'une côte d'agneau au jus ou de quelques cailles qui vous passeraient entre les doigts.

Ambiance Amour

Garde du vin CT

Château de Chamirey Mercurey 2003

32,25 $
★★★

962589
France / Bourgogne – Mercurey
Marquis de Jouennes d'Herville
Cépage(s) : pinot noir

Bien sûr, c'est un pinot noir exalté et exaltant, mais qui s'en plaindra dans ce millésime de surenchère ? Pas moi en tout cas ! Couleur riche et arômes gourmands de fruits noirs décidément très libertins, précédant des saveurs peu acides, onctueuses, richement brodées et, ma foi ! elles aussi très libertines ! À boire sur le fruit pendant qu'il y en a sur les tablettes, accompagné d'une poule au pot farcie et bardée de lard fumé…

Ambiance Amour

Garde du vin CT

Cúmaro 2001

32,75 $
★★★★

710632
Italie / Marches – Rosso Conero
Umani Ronchi
Cépage(s) : montepulciano

Il faut voir et sentir le feu silencieux qui couve ici sous les braises pour mieux lécher l'arrière-palais avant la finale digne d'un épisode des aventures du Comte de Monte Cristo ! Car ce grand montepulciano issu du vignoble de San Lorenzo, dans la province des Marches, est un habile assemblage de fougue, de mystère, de force et de loyauté avec son fruité mûr et entier de même que son architecture savante mais aussi solide et accomplie. Osso bucco, foies blonds de poulet sautés aux morilles.

Ambiance **Détente**   Garde du vin **LT**

Château Garraud 2002

33,25 $
★★★ 1/2

978072
France / Bordeaux – Lalande de Pomerol
Vignobles Léon Nony SA
Cépage(s) : merlot, cabernet franc, cabernet sauvignon

Depuis son entrée au Québec en 1998, ce vigneron a fidélisé au fil des années un bassin d'amateurs sélectifs qui achètent les yeux fermés les millésimes arrivant sur le marché. Et ils ont raison ! Car le vin est d'une exemplaire régularité, sans cesse traité aux petits oignons et laissant toujours transparaître derrière une approche technique sûre le meilleur de ce que le millésime a à offrir. Ce 2002, coloré et parfumé, propose une trame tannique fine et élégante, avec ce qu'il faut de boisé pour bien soutenir l'ensemble. À saisir également, de la même maison : Château l'Ancien, une cuvée 100 % merlot tout simplement bouleversante, quel que soit le millésime. À déguster avec une entrecôte aux cèpes.

Ambiance **Amour**   Garde du vin **MT**

Château Le Castelot 2002

34,00 $
★★★

967356
France / Bordeaux – Saint-Émilion Grand Cru
S.C.E.V. J. Janoueix
Cépage(s): merlot, cabernet sauvignon

Réservé et discret au nez mais drôlement étoffé en bouche, avec une trame fruitée ample et fraîche se raffermissant sur de beaux tanins fermes et abondants en milieu de bouche. Finale homogène de bonne longueur. Un régal avec un gigot de chevreuil ou un bourguignon.

Ambiance Détente Garde du vin MT

Bin 128 Penfolds Coonawarra shiraz 2001

34,25 $
★★★ 1/2

509919
Australie / Sud-Est – Coonawara
Penfolds
Cépage(s): syrah

Encore une fois, une cuvée large, profonde, intense et colorée, qui évite avec brio toute forme de lourdeur et de vulgarité tant la qualité des tanins et la fraîcheur de l'ensemble l'emportent. Un solide rouge qui commence à peine à se nuancer, avec ce registre inimitable lié au terroir local. Masculin en diable! Avec un ragoût de bœuf mijoté ou un magret de canard sauce grand veneur.

Ambiance Détente Garde du vin MT

Prince Probus Clos Triguedina 1999

35,00 $
★★★ 1/2

866822
France / Sud-Ouest – Cahors
S.C.E.A. Baldes & Fils
Cépage(s) : cot

J'ai toujours aimé cette maison pour la rigueur et l'authenticité de ses vins qui ne succombent à aucune mode et savent demeurer fermes sans jamais être durs et encore moins rustiques. Ce 1999 coloré et plein de fruit est dans la lignée des coureurs de fond courtois et bien élevés qui offrent déjà beaucoup de plaisir à table, avec un gigot de sanglier ou de chevreuil, par exemple. Une belle cuvée de caractère à boire ou à mettre en cave pendant encore quatre ou cinq ans.

Ambiance **Détente**   Garde du vin **MT**

Château de la Gardine 2001

35,25 $
★★★ 1/2

022889
France / Rhône – Châteauneuf-du-Pape
G. Brunel & Fils
Cépage(s) : grenache, syrah, cinsault

On reconnaît toujours La Gardine à sa texture riche, presque grasse, où se massent sans se bousculer de magnifiques tanins mûrs et dodus dont la sève fruitée multiplie les pistes savoureuses pour mieux nous confondre. Un rouge solide et élégant, bien typé châteauneuf-du-pape, civilisé, mais surtout savoureux. Et pourquoi pas un poulet basquaise là-dessus ?

Ambiance **Détente**   Garde du vin **MT**

Clos Tonnerre Premier Cru 2000

38,00 $
★★★ 1/2

895334
France / Bourgogne – Mercurey
Domaine Michel Juillot
Cépage(s) : pinot noir

Laurent Juillot rend ici, avec ce 2000, un hommage touchant au pinot noir en lui offrant toute la latitude pour exprimer la grâce de ses flaveurs, et ce, en toute simplicité. Un vin d'équilibre avec ce qu'il faut de maturité dans le fruit, de liant dans la texture et de fraîcheur dans la ponctuation. Le 2002 à venir est tout simplement émouvant d'équilibre. Vin de soir qui tombe et de sourire qui s'illumine. Superbe. Servez-le avec des cailles rôties. Un régal !

Ambiance Amour   Garde du vin MT

Amarone della Valpolicella Classico Tedeschi 2001

44,00 $
★★★

522763
Italie / Vénétie – Amarone della Valpolicella
Tedeschi
Cépage(s) : corvina veronese, molinara, rondinella

Plus baraqué, plus doux aussi que son collègue de la maison Masi, cette grosse pointure de chez Tedeschi n'en conserve pas moins un sens farouche de vérité sur le plan des saveurs comme sur celui de la rigueur. Le tout est pour le moment homogène, lisse, riche et compact avec un fruité de cerises noires macérées sur une trame tannique, vineuse, puissante et encore solidement bâtie. Un rouge moderne à servir avec un morceau de *parmigiano reggiano* affiné une bonne vingtaine de mois.

Ambiance Amour   Garde du vin LT

Le Cigare Volant 2001

50,00 $
★★★★

10253386
États-Unis / Californie
Bonny Doon Vineyard
Cépage(s) : grenache, syrah, mourvèdre

Parfumé dans un registre intrigant d'herbes, de garrigue, de tabac et de petits fruits noirs et rouges, le vin du sieur Randall Grahm a de beaux jours devant lui. Beaucoup de fraîcheur et de netteté (le bouchon dévissable en serait-il la cause ?), et une trame tannique présente mais enrobée, perspicace et longue. Finale à la fois sucrée, teintée de réglisse, avec une pointe de fermeté qui commande une viande longuement braisée.

Ambiance **Détente**   Garde du vin MT

Cuvée Dame Honneur du Château Lagrézette 2001

74,00 $
★★★★ 1/2

739516
France / Sud-Ouest – Cahors
S.C.E.V. Lagrézette – Alain-Dominique Perrin
Cépage(s) : cot, merlot

Fait-il honneur aux dames ? Ce grand cot saura à tout le moins les interpeller sans détour. Avec de belles manières en prime ! Le vin n'a pas bougé depuis que je l'ai goûté sur fût en 2002 et il confirme que nous avons là une grosse pointure qui s'affinera sur plus d'une décennie. La robe est foncée et les arômes, encore sous l'emprise du bois neuf, conservent un fruité riche et bien taillé. Bouche somptueuse, puissante, charpentée et toujours pourvue de ce fruité sûr et bien mûr qui ne déborde jamais du cadre. Grand vin de soir, à servir avec des viandes braisées.

Ambiance **Détente**   Garde du vin LT

Ornato Pio Cesare 2000

107,00 $
★★★★

10271146
Italie / Piémont – Barolo
Pio Cesare
Cépage(s) : nebbiolo

Encore solidement vêtu de sa redingote de bois neuf, ce nebbiolo issu des meilleures parcelles du vignoble familial demeure un monument du genre. Parfums sucrés et épicés qui cèdent la place en bouche à une matière fine mais compacte, fraîche, longue et bien structurée. Le fruité est abondant, linéaire, fort civilisé. Deux bonnes heures de carafe sauront multiplier ses parfums en attendant le risotto aux truffes fraîches ou, à défaut, parfumé à l'huile de truffes. Quinze ans minimum devant lui !

Ambiance **Détente**

Garde du vin **LT**

La dégustation : mode d'emploi

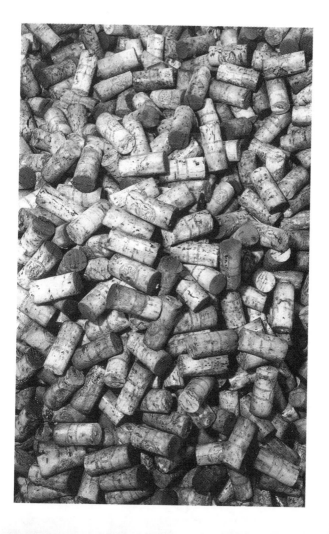

La dégustation :
mode d'emploi

Si l'élaboration du vin est un art qui révèle pleinement l'individu qui se penche sur le sujet, le décrire par une approche sensible, mesurée et, bien sûr, amusante est une autre forme d'art qu'il ne faudrait pas négliger. Déguster, c'est vivre soi-même le moment présent en y ajoutant une saveur particulière, celle des mots. Vos mots. Car pourquoi les vôtres ne feraient-ils pas l'affaire ? Parler de vin, ce n'est tout de même pas se retirer du monde en s'enfermant dans une secte d'intouchables baignés par la vérité suprême !

Voici, dans l'ordre, trois étapes simples et utiles pour mieux cerner votre prochain verre de vin, que ce soit sur le plan de sa couleur, de ses arômes ou de ses saveurs.

La couleur

Les experts, sans lesquels nous n'en serions qu'au b-a ba de la chose, parleront d'entités moléculaires appelées flavones pour cerner la pigmentation des blancs, puis de tanins et d'anthocyanes, regroupés sous le joli nom de polyphénols, pour décrire les rouges.

La pulpe du raisin? Incolore. Seul le contact du jus avec la peau des raisins en détermine l'intensité chromatique. De cette façon, les blancs trouvent, par une macération plus ou moins prolongée – ce contact intime des raisins entiers qui tout doucement se vident de leur jus –, le prétexte à libérer ces fameux «précurseurs d'arômes» responsables entre autres de la complexité de l'odeur. Quant aux rouges, ils trouvent à augmenter leur intensité colorante de la même façon, par simple contact avec le moût frais. Les rosés? Ils sont le résultat heureux du séjour plus ou moins prolongé des peaux de raisins noirs dans le jus dans lequel elles baignent. Quant au fameux blanc de noirs, qu'il soit de Champagne ou d'ailleurs, nous sommes tout simplement en présence de raisins noirs qui auraient été rapidement privés du contact du jus de la pulpe avec la pellicule qui leur sert d'enveloppe. Vous me suivez? On continue!

Parler de la couleur

Nous y voilà. Sur quel critère «évaluer» la couleur? Objectivement, la tâche n'est pas aisée. Tout au plus peut-on circonscrire, sur le plan physique, l'éclat de la brillance et la profondeur de la «robe», elle-même évaluée selon une courbe croissante d'intensités chromatiques. Ainsi, une robe sera-t-elle légère ou peu intense, d'intensité moyenne, ou encore, foncée ou d'intensité soutenue.

Question: un vin peu coloré ou de faible intensité est-il nécessairement moins intéressant qu'un autre, plus soutenu en couleur? Non. Simple phénomène de perception affective et subjective. Un pinot noir léger en couleur de la côte de

Beaune peut être nettement plus entreprenant sur le plan olfactif qu'un auxerrois noir comme la nuit de la région de Cahors. N'oublions pas que la couleur du vin relève essentiellement du type de cépage (raisin) utilisé et des pirouettes techniques qui ont permis de lui soutirer sa couleur.

Cela étant dit, je ne me permettrai pas d'évaluer les couleurs à votre place, vous savez le faire tout aussi bien que moi. Après en avoir évalué la limpidité et l'intensité, il ne vous reste qu'à piger, comme chez le marchand de peintures, parmi la gamme extrêmement variée de tons, nuances et autres subtilités chromatiques s'effilochant à l'autre bout de l'arc-en-ciel.

Pour les blancs : incolore, jaune, jaune-vert, paille pâle, citron, doré, or, ambré, etc. Pour les rouges : vermillon, rubis, rouge franc, sang de bœuf ou encore, lorsque le vin vieillit, orangé, grenat, brique, voire pelure d'oignon, etc. Pour les rosés : rose clair, rosâtre, vieux rose, saumoné, cuivré, abricoté, etc. À vous le pinceau !

« Difficile pour un muet de décrire la saveur du miel », disait le sage, mais « facile pour un aveugle de décrire une gorgée de sauternes tant le miel blond y est éclatant » (c'est de moi). Ce sont aussi cela, les couleurs du vin.

Les arômes

La question n'est pas tant de savoir si vous avez du flair mais plutôt celle de savoir vous servir de celui-là. Mais encore faut-il que vous désiriez d'abord vous en servir ! Car, que vous le vouliez ou non, votre nez a bel et bien une longueur d'avance, physiquement du moins, sur tous ces organes complexes qui vous servent à appréhender le monde autour de vous.

Vous avez du mal à sentir telle ou telle personne ? Votre appendice vous aura déjà prévenu. *Idem* pour le vin : il doit être net, franc, transparent, sans altérations d'aucune sorte. Statistiquement, les nombreuses déviations liées au liège coiffant la bouteille monopolisent encore à elles seules de 3 % à 5 % des « faux nez », liés au bouchon. Soyez vigilants !

Une ode aux « z'odeurs »

En matière d'odeurs, d'arômes, de parfums, de bouquets, vous êtes parachuté au cœur de l'action. Et vous vibrez sous le charme comme des éoliennes sous le vent. Vous mettez les voiles ou tendez le filet selon votre « appétit » naturel à vouloir capter ou laisser filer ces bribes aromatiques qui sont autant d'informations qui enrichiront par la suite votre mémoire olfactive. Peut-être même avez-vous à votre insu déjà activé cette fabuleuse mémoire en stimulant quelques souvenirs évocateurs.

Les arômes et les bouquets

Votre nez serait donc un instrument hyper sensible capable de repérer, même à des concentrations faibles et selon vos performances, ces molécules responsables de l'arôme. Elles sont en grand nombre, et voilà qu'elles déclenchent immanquablement divers processus d'associations trouvant leur finalité sur le disque dur de votre mémoire olfactive, siège de vos logiciels analogiques. Ce gamay de cru sent bon la sueur de fourmi s'éreintant à gravir la longue tige qui la mènera au bouton sucré de la pivoine rouge? Vous voilà déjà un informaticien chevronné doublé d'un fin dégustateur!

Les experts (encore eux), qui ont la science infuse, font la différence ensuite entre l'arôme et le bouquet d'un vin. L'**arôme** désigne en fait l'odeur d'un vin jeune, perçue par voie nasale directe ou par rétro-olfaction. Ces mêmes experts vont même jusqu'à parler d'arômes primaires, c'est-à-dire l'odeur du raisin, caractéristique du cépage, et d'arômes secondaires, nés de la fermentation et donc de l'action des levures. Ce beaujolais sent la banane et le bonbon anglais? Vous voilà captif de ces arômes de fermentation développés par la chic levure B 71. À moins que ce ne soit la B 72, je ne sais plus.

Les vins de consommation courante vendus en magasin sont souvent pourvus de tels arômes. Si le vin que vous dégustez n'est pas doté d'un minimum d'arômes fruités, dites-vous qu'il y a un problème.

Le troisième type d'arôme – et de loin le plus intéressant, car il permet d'actionner vos logiciels analogiques, de vous mesurer à cette fabuleuse machine à déguster qui est la vôtre et, pourquoi pas, de vous faire rêver – est du registre du tertiaire. Ce type d'arôme porte aussi le nom de **bouquet** et est le résultat de l'élevage et du vieillissement plus ou moins prolongé du vin en bouteille. En général, les vins fins, issus de la synergie intime du cépage et du terroir, se permettent de dévoiler au fil des ans cette face cachée si révélatrice de leur âme. Il suffit d'«accompagner» avec le nez le bouquet subtil, complexe et éthéré d'un musigny d'une grande année et arrivé au faîte de sa gloire pour saisir ce que le mot bouquet veut dire.

Pour en parler, rien de bien compliqué. Comme il se doit et parce que nous vivons encore dans une société démocratique, chacun de nous a non seulement le droit mais aussi le devoir de s'exprimer sur le message aromatique du vin. L'arôme est-il net ou douteux, discret ou éloquent, simple ou complexe ? Prenez position. C'est un début.

L'arôme est-il ensuite agréable et vous transporte-t-il là où vous n'avez jamais espéré vous rendre un jour ou au contraire est-il peu orthodoxe et ne correspond pas, mais pas du tout, à l'idée que vous vous faites de l'arôme d'un vin ? Dites-le. D'abord, vous vous sentirez mieux et pourrez par la suite continuer à respirer tranquillement par le nez. Ce qui n'est pas un luxe par les temps qui courent !

Les saveurs

Vous avez longuement détaillé la robe d'un vin sous toutes ses coutures et humé son contenu à vous gonfler les narines comme des montgolfières encore ébaubies par tant d'élévation et de parfums invisibles. Vous voilà pris au piège. Plus de recul possible : comme en amour, vous devez honorer ces préliminaires qui déjà mettent vos sens sens dessus dessous et... goûter. Madame de Pompadour et Giacomo Casanova n'auraient pas fait mieux.

Au bonheur des flaveurs

Voilà donc le vin qui dévale et mouille sans considération, avec un total abandon, ce qui vous tient lieu d'organe de communication mais aussi de gustation. Le contact est immédiat, sans appel. Vous saviez vous servir de votre langue pour épater la galerie avec vos beaux discours, il ne reste plus maintenant qu'à y circonscrire ces saveurs qui la font si bien rebondir.

Mais voilà, par une mécanique qui relève encore une fois d'une ingénierie des plus sophistiquées, vous aurez beau faire des pieds, des mains, des coudes et les entourloupettes les plus variées, il ne saurait y avoir la moindre saveur identifiée sans l'étroite collaboration de votre nez. Comme si l'un avait besoin de l'« écho » de l'autre pour pleinement se réaliser.

Vous ne me croyez pas? Goûtez, à l'aveugle et à la même température, un verre de blanc, de rosé et de rouge léger, en prenant soin de vous pincer les narines. Relâchez ensuite vos narines : vous avez alors affaire à ce phénomène de rétro-olfaction qui permet aux flaveurs d'être identifiées avec plus ou moins de bonheur, dans l'ordre comme dans le désordre le plus complet.

Comprendre et nommer le goût

Les physiologistes, qui n'ont que faire du chaos et de l'anarchie en matière de goût, vous diront pour vous rassurer (et se rassurer eux-mêmes) qu'il existe plusieurs saveurs élémentaires, dont quatre retiennent constamment l'attention des bourgeons gustatifs logés sur le dessus et les côtés de la langue. Ils vous diront aussi que ces fameux bourgeons (qui meurent et se renouvellent aux 100 heures selon l'âge du dégustateur), mais surtout ces papilles, sont « intéressés » par ces saveurs (et surtout par la concentration de chacune d'elles) selon une chronologie bien précise d'entrée en scène.

Ainsi, le sucré sera-t-il immédiatement repéré sur le bout de la langue, suivi de près par l'acidité et le salé sur les côtés, et l'amer enfin, formant une demi-lune tout au fond de l'organe lingual. Reliez ensuite les cellules gustatives et les neurofibres sensitives au tronc cérébral puis au thalamus et autres structures du système limbique, et vous voilà connecté avec vous-même. Ou ce que vous pouvez en dire. Mais au fait, que pouvez-vous en dire ?

Que les saveurs élémentaires semblent indissociables les unes des autres et que les départager relève encore une fois de l'exercice de haute voltige. Normal. Ne vous laissez pas intimider pour autant. Chacun crée son propre paysage gustatif en fonction de ses propres seuils de perception et de leur harmonie d'ensemble. Certains d'entre vous, par exemple, seront particulièrement sensibles à l'élément sucré pour ne pas avoir à trop sucrer un café et en masquer l'amertume, alors que d'autres, peu sensibles à l'amertume, n'auront aucune raison de la dissimuler en sucrant le tout.

En ce sens, un bon dégustateur est celui qui est capable, par un entraînement quotidien, de percevoir naturellement les teneurs les plus faibles ou, si vous voulez, d'être sensible à des seuils de perception très bas, pour les goûts sucrés, acides, salés et amers. Une fois tout cela bien identifié et la mécanique bien huilée, il suffit de « dégager » le vocabulaire qui traitera tout à la fois de la structure comme de la texture du vin en bouche.

À ce stade, non seulement êtes-vous en mesure de dire si vous aimez ou non le vin que vous buvez, ce qui vous place derechef dans la position enviable de ceux qui ont pris une décision et qui l'assument, mais vous sentez un besoin irrésistible de vous élever au-dessus de la mêlée et de décrire par des mots simples, qui ne relèvent pas de la science-fiction, l'interaction des saveurs élémentaires entre elles.

Encore une fois, la notion d'équilibre entre les constituants est primordiale. Ainsi, un vin sec s'opposera-t-il à un vin doux, voire mou et pommadé, si l'acidité n'est pas au rendez-vous pour le remettre sur ses pieds. Un vin frais, nerveux et vif tranchera quant à lui avec un autre plus agressif, acerbe, vert et grinçant, lorsque l'acidité vous fait claquer des dents et crisper le petit et le grand zygomatiques, tandis qu'un vin capiteux, chaud et généreux l'emportera au chapitre de l'équilibre en matière d'alcool sur un autre plus brûlant, alcooleux et asséchant en finale.

Quant à la notion de tanins présents dans les vins rouges, responsables de la qualité de l'amertume, ils pourront vous foudroyer sur place et vous paralyser le gosier par leur dureté diabolique, leur astringence excessive, leur rugosité d'enfer et leur impitoyable âpreté lorsqu'ils sont de mauvaise qualité (ou titillés par une acidité trop élevée). Le vin manque alors de souplesse.

Au contraire, ces mêmes tanins seront-ils nobles, fins, élégants, civilisés et racés s'ils sont mûrs et extraits de la pellicule avec le plus grand soin. Combinez maintenant tanins et alcool, et vous obtenez selon le cas un vin léger, de constitution moyenne ou tout simplement corsé.

Ces notions de sucré, d'acidité, d'alcool et de tanins agiront naturellement sur les différentes textures rencontrées dans tous les types de vins, selon leurs propres paramètres de constitution. Une texture qui a du «gras», par exemple, est en cela bien définie par le professeur Émile Peynaud* : «Le gras signifie "qui est de la nature de la chair grasse." Un vin gras emplit bien la bouche, il a du volume, il est à la fois corsé et souple ; on dit encore qu'il est charnu. C'est sans doute la qualité la plus rare, nécessaire pour constituer un grand vin. Elle résulte essentiellement d'une bonne maturité des raisins, dont le vin donne l'impression. Un vin mûr est un vin gras. Un vin souple n'est pas toujours gras, tandis qu'un vin gras est en principe souple. »

Du gras au soyeux et du satiné au velouté en passant par le perlant qui chatouille joyeusement le bout de la langue, il n'y a qu'un pas que vous saurez franchir avec les mots qu'il faut. Sinon, il restera toujours les gestes pour en mimer l'émotion...

---

*PEYNAUD, Émile et Jacques BLOUIN. *Le goût du vin,* Dunod, p. 167.

Les trucs et tendances 2006

Trucs et
tendances 2006

Côté trucs : déboucher et reboucher !

Le tire-bouchon

Il coulera encore beaucoup de vin dans les verres et d'eau sous les ponts avant que ne soit détrôné votre indispensable tire-bouchon. Même la capsule dévissable dont nous parlions déjà dans l'édition précédente de ce guide ne réussit pas encore, par le truchement de sa vis, à lui faire perdre la vrille ! Bref, votre tire-bouchon a encore de beaux lièges devant lui à chatouiller.

Oui, mais lequel choisir ?

Commençons d'abord par celui à bannir, celui qui, vous le savez, a l'air d'un bonhomme avec ses deux bras sur le côté et sa grosse tête vide écrasée entre votre pouce et votre index. La vrille s'arrête toujours à mi-distance dans le bouchon, et les « bras » du bonhomme ne vont jamais aussi haut qu'il le faudrait, ne dégageant jamais tout à fait le liège hors du goulot sous l'effet de levier. Frustrant. Surtout que la vrille, de qualité souvent médiocre, met le bouchon en charpie. Gênant.

Mais avant de sortir votre sabre de son fourreau, avec les dégâts tant redoutés, un mot sur le vaillant trousseur de bouchons. Il doit être solide, doit avoir une vrille fine, pointue, et suffisamment longue pour fouiller les lièges italiens ou borde-lais (souvent les plus longs), en plus d'avoir une ergonomie qui permet d'épouser parfaitement la main de l'utilisateur. Je vous propose trois candidats, dont deux munis du système à deux leviers, système qui permet de retirer le liège en douceur tout en ménageant l'articulation du poignet.

La marque espagnole Pulltap (mo-dèle illustré) est très recommandable avec son système articulé à double levier. C'est mon outil préféré.

Nouveau sur le marché et aussi à double levier, le Coutale, quant à lui, inventé par Philippe Bernède du Clos La Coutale, à Cahors, part du même principe mais «à l'envers», en ce sens qu'il permet au poignet plus délicat de se tirer d'affaire avec peut-être encore moins d'ef-fort que le Pulltap. C'est dire!

Enfin, pour les paresseuses et les paresseux, il existe le très design Screwpull, en plastique léger et résistant, dont la très longue vrille, portée au cœur du liège à l'intérieur d'un «guide» posé à même le goulot, «travaille» le liège sans fléchir, par un simple mouvement giratoire de l'index. Cependant, l'extrême pénétration de la vrille d'un bout à l'autre du liège pourra ici choquer les puristes qui ne toléreront pas la légère poussière de liège laissée parfois à la surface du vin par l'outrecuidante vrille. Mais je suis sûr qu'il existe quelque part des puristes paresseux!

Le bouchon hermétique

Je salue déjà votre prodigieuse ingéniosité de pouvoir sans peine reboucher votre bouteille de mousseux avec son bouchon d'origine, surtout si ce bouchon « jupe ». Dur, dur.

Mais sachez que votre mousseux peut facilement tenir le coup sans se défraîchir pendant deux, voire trois jours, et ainsi multiplier pour vous les occasions de siroter une flûte de bulles à l'apéro. Pour cela, par contre, mieux qu'un bouchon de liège : le bouchon hermétique muni de deux solides crochets s'arrimant au goulot de votre bouteille permet la chose, emprisonnant à la fois bulles, fraîcheur et bonheurs d'occasions. En poussant de la paume vers le bas, vous ancrerez sans peine votre bouchon au goulot ou, au contraire, le libérerez des crocs. Simple, pratique, raisonnable... surtout que votre première flûte est souvent la meilleure !

Côté tendances

Les femmes et le vin : statistiques à la hausse !

Un coup d'œil du côté de la Grande-Bretagne nous apprend encore une fois que si les Anglais ne font jamais rien comme tout le monde, les Anglaises, elles, font discrètement leur approche en matière de consommation de vin, ce qui enchante déjà les vignerons, qu'ils soient d'Australie, des États-Unis ou d'Afrique du Sud. Dans l'île de Sa Majesté, les ventes de vin auraient en effet augmenté de 30 % au cours des 5 dernières années, atteignant la somme rondelette de... 16 milliards de dollars canadiens. Cette progression du marché serait-elle attribuable aux femmes, étant donné que 70 % d'entre elles (contre 62 % des hommes) admettent consommer du vin (au moins une bouteille par mois)? Celles-ci s'empressent de le boire au pub comme au restaurant dans 36 % des cas, contre seulement 21 % chez leurs homologues masculins.

«Les femmes actives de la génération de Bridget Jones, qui ont du temps et de l'argent à dépenser dans les produits de luxe comme le vin, ont fait augmenter les ventes», mentionnait à ce propos le très sérieux quotidien anglais *The Independent*. Les Anglaises s'offriraient-elles le luxe de prendre leur temps en multipliant les occasions de boire un verre de vin? Une certaine idée du luxe bien séduisante, vous ne pensez pas?

La parité des terroirs?

Au-delà de la qualité intrinsèque, voire historique, d'un terroir donné, il y a bien sûr le prix des vins qui s'ajustent en conséquence. L'équation grand terroir = grand vin = grand prix de vente se vérifie sans peine. Il suffit de penser au Montrachet, au Château Latour ou à La Turque pour s'en convaincre. Aux États-Unis, et principalement en Californie, non seulement les vignerons n'ont pas attendu très longtemps pour ajuster leurs prix à ceux des plus grands bordeaux, et même les dépasser, mais il semblerait que la notion de terroir soit aussi une notion d'orgueil, de fierté même, comme nous le suggèrent les géologues américains Jonathan Swinchatt et David G. Howell dans leur dernière recherche intitulée *The Wine Maker's Dance – Exploring Terroir in the Napa Valley* (University of California Press, 2004). Les auteurs prétendent en effet que le terroir de la Napa Valley aurait des ressemblances plus que troublantes avec celui des graves de Bordeaux, et que des comparaisons s'imposent donc : même latitude en bordure de mer sur leur continent respectif, sous-sol limoneux avec graves fines et climat similaire. Idéal en somme pour le cabernet sauvignon qui y trouve, comme à Bordeaux, un sol de prédilection. Alors qu'il aura fallu plus de 300 ans au Château Haut-Brion pour être reconnu commercialement et « gustativement » contre seulement deux ou trois décennies aux « crus » californiens pour affiner leur image de marque, on peut avancer, sans avoir à multiplier les euphémismes, que les compatriotes de Robert Parker Jr. sont rapides en affaire !

Reste à savoir si cette notion de terroir tient la route. Selon une théorie émise lors d'un colloque sur le sujet cette année, la notion de terroir relèverait, outre ses qualités particulières définies par le trio sol-cépage-climat, d'une évidence toute bête et pour le moins terre à terre, à savoir qu'elle a basé sa renommée sur le simple fait d'avoir été commercialisée de manière intensive, s'assurant du coup le rayonnement de son image aux quatre coins du globe. Ce que les Hollandais et les Anglais ont fait en Gironde au XVIIIe siècle, et les Américains en Californie… au XXe !

Le consommateur prend le relais

Un minisondage effectué sur mon blogue cette année m'a permis de constater à quel point ma situation d'auteur, de journaliste et de critique en matière de vins ne tenait qu'à un fil et pouvait être, du jour au lendemain, remise en question. Et ce n'est pas faute d'agir par excès de modestie! Qu'on en juge: à l'énoncé «Commentez en quelques mots la dégustation du Merlot X élaboré par la Maison Y», les réponses reçues se valaient toutes, à tel point que la mienne se serait fondue sans problème dans le lot. Que peut-on en déduire?

- Qu'il n'est de vérité en matière de vins que la perception qu'on s'en fait.

- Que la différence de perceptions naît souvent du contexte dans lequel s'effectue la dégustation.

- Que les goûts et les couleurs ne se discutent pas.

Autre élément perceptible qui semble donner naissance à une nouvelle tendance: bien que le consommateur accepte de bonne foi les commentaires du critique, il semble vouloir prendre le relais en imposant ses propres paramètres, et donc ses goûts personnels, lorsque vient le temps d'acheter une bouteille. En un mot, il se fait de plus en plus confiance! Que peut-on en déduire encore une fois?

- Qu'au lieu de faciliter et d'éclaircir ses choix, la surenchère d'informations sur le sujet provenant de sources démultipliées pousse l'amateur au repli en s'assumant personnellement.

- Qu'il a de plus en plus de difficulté à dénicher ce critique de vins en qui il a confiance parce qu'il «s'aligne» sur ses goûts personnels.

- Que l'époque est à la revendication de son individualisme.

- Que le critique est tombé dans un autre piège par rapport à la dégustation, à savoir qu'il impose (malgré lui et à son insu) au consommateur ce que les vignerons et l'industrie du vin dans son ensemble lui proposent.

vins et
mets 2006

Calendrier
vins et mets
2006

La magie du vin veut qu'il se décline toute l'année. S'il fait partie de cet art de vivre qui se vit au quotidien, le bon verre de vin intéresse surtout parce qu'il renouvelle l'émotion. Mieux, il colle à l'humeur ou à l'ambiance quand il n'en suggère pas lui-même d'autres.

Car le vin est pluriel. Par le cépage, le terroir, la situation géographique et climatique, la touche humaine qui l'anime et le réalise. En cela, il est un précurseur de plaisirs, un repoussoir de l'ennui, un frein à la standardisation du goût qui, hélas, gagne toujours plus de terrain chaque jour. Mais il faut résister !

Comment ? En variant le menu, en parcourant les vignobles du monde et les pages de ce guide pour éventuellement fixer votre goût sur ce qui colle le mieux à votre personnalité et, pourquoi pas, à votre biorythme. Vous savez sans doute d'instinct mieux que moi que votre corps exige selon les mois de l'année des vins différents, qu'il s'agisse de leur couleur, de leur volume ou de leur constitution.

Il ne vous viendrait pas à l'idée, par exemple, de vous servir un verre de muscadet par un glacial jour de janvier ou un barolo sur la terrasse au cœur de l'été ! En ce sens, ce calendrier vins et mets vous propose en toute liberté quelques jolies harmonies pour ces événements, petits et grands, qui s'échelonnent tout au long de l'année. Ce qui ne vous empêche pas d'improviser!

Janvier

Après les festivités de décembre, janvier a ses raisons que le corps seul approuve. C'est l'époque du repli, du *cocooning,* de l'allègement gastrique. L'intuition nous pousse à manger sainement et à boire sans surcharger l'organisme. Au cœur de l'hiver, les nostalgiques retrouveront dans la bouteille de bordeaux, blanc comme rouge, matière à s'assurer cette digestibilité si recherchée à cette époque de l'année.

➻ *En blanc*: c'est avec le **Château Roquetaillade La Grange 2004** (15,05 $ - 240374) que s'ouvre la nouvelle année, avec le souvenir fruité de l'été 2004 dans votre verre.

➻ *En rouge*: vous avez ici le choix entre le Bordeaux supérieur **Château de Parenchère 2002** (19,95 $ - 151985) ou sa première cuvée, la **Cuvée Raphaël 2002** (29,55 $ - 975631). Dans les deux cas, confection impeccable et équilibre enviable pour démarrer 2006 du bon pied.

Février

Le *cocooning* de janvier laisse place, en février, à plus de hardiesse, avec cette notion de plaisir qui n'est jamais loin derrière. La redécouverte des sens commande des vins immédiatement accessibles, un peu plus «habillés» qu'en janvier mais tout aussi communicatifs et sensuels, des vins qui doivent couler, flatter, toucher.

▸▸ *C'est elle qui reçoit pour la Saint-Valentin:* l'invitation est lancée et l'intention révélée avec le pinot grigio **Le Rosse 2004** de Tommasi (15,65 $ - 10230555), dont les flaveurs riches et follement parfumées vous feront vivre le printemps avant l'heure! Mais voilà, il y a le chocolat dont elle raffole. Pour l'accompagner: Banyuls **Domaine Tour Vieille Réserve** (32,50 $ - 884916), vivant, lisse, concentré, élégant. Ou encore: Maury **Mas Amiel Prestige 15 ans d'âge** (41,75 $ - 884312), fin et voluptueux, à l'image d'un grand tawny portugais.

▸▸ *C'est lui qui reçoit pour la Saint-Valentin:* et il a le choix des champagnes! **Ruinart Brut** (58 $ - 10326004) pour sa plénitude, **Jacquesson Blanc de Blancs Brut 1995** (87 $ - 871384) pour le décollage en douceur et **Gratien Cuvée Paradis Brut** (120,25 $ - 361253) pour ne plus redescendre.

Mars

Avec le mois de mars, vous avez déjà des fourmis dans les jambes. Et la bouteille de vin baladeuse! Elle veut voir du monde et du pays, puis se frotter aux différentes cuisines, par plaisir et avec un brin d'audace. Belle aventure en perspective.

▸▸ *Au resto de cuisine française:* choisissez le catarratto **Primula 2004** (9,95 $ - 606350), de Sicile, aux saveurs pleines, épicées mais surtout originales. Vous risquez de faire pâlir bien des vins français!

➤➤ *Au resto de cuisine asiatique:* optez pour le **Muscat Réserve 2003** de **Pierre Sparr** (19,50 $ - 742924), parce que sa polyvalence lui permet de voyager aux quatre coins du monde.

Avril

Avec avril suivez le fil de la découverte et placez-vous en première ligne pour un repas réussi. Osez la fraîcheur d'un blanc aromatique et d'un rouge parfumé et enlevant, digeste et printanier!

➤➤ *Pour le repas pascal, en blanc:* ouvrez un Gewurztraminer **Cuvée Bacchus 2004** des **Caves de Pfaffenheim** (20,95 $ - 197228).

➤➤ *Pour le repas pascal, en rouge:* dégustez le succulent minervois **Château Sainte-Eulalie Cuvée Tradition 2003** (16,80 $ - 488171) de Madame Coustal.

Mai

Il y a de la douceur dans l'air et de la délicatesse dans le verre. Il y a pour la fête des Mères le bordeaux idéal, distingué, rassurant, généreux, capable de grandes choses, avec les plats simples comme avec les tables plus habillées.

➤➤ *Pour fêter en blanc:* optez pour l'entre-deux-mers **Château Bonnet 2004** (16,45 $ - 083709), d'André Lurton, à la fois captivant, brillant et talentueux.

▸▸ *Pour fêter en rouge* : rien de tel que le superbe **Château des Matards 2003** (15,95 $ - 640276), dont je ne me lasse pas dans ce millésime.

Juin

Dans le vignoble, la floraison annonce déjà la couleur du fruit à venir. Les parfums de fleurs de vigne se font les précurseurs d'arômes fidèles du vin qui sera par la suite servi sous la tonnelle comme au bistrot en terrasse. Le vin a plus que jamais le goût de l'été !

▸▸ *À l'heure de l'apéro* : pourquoi pas deux pinots blancs canadiens ? Mettez la main sur celui de **Sumac Ridge 2003** (12,95 $ - 327882) ou encore, sur celui de **Mission Hill 2004** (13,95 $ - 300301), tous deux en provenance de la Colombie-Britannique. Des blancs d'une sève fruitée fort convaincante !

▸▸ *Sous la tonnelle* : servi bien frais, un mousseux sans façon et bon marché qui ne déçoit jamais, le **Codorniu Clasico Brut** (13,40 $ - 503490) à avaler à grands traits avec la tapenade et les amandes grillées.

▸▸ *Au bistrot* : pas de doute, il faut trancher, et le xérès façon **Tio Pepe** de Gonzalez Byass (18,25 $ - 242669) s'y emploiera avec une rare efficacité.

Juillet

La saison estivale permet aux vins légers de climats frais de se surpasser en raison de leur constitution axée sur l'équilibre, la fraîcheur et cette balance idéale entre structure, alcool et fruité. Bref, des vins qui jamais n'alourdissent et permettent de laisser l'esprit libre et dégagé après boire, pour mieux glisser dans la chaleur de l'été.

▸▸ *En pique-nique* : n'oubliez pas l'incontournable **Gamay 2004** de ce bon **Henri Marionnet** (16,95 $ - 329532) qui vous pique la soif au passage.

▸▸ *À la plage* : stimulant et rieur avec sa touche iodée, le picpoul exulte dans les cuvées **Ormarine Carte Noire 2004** de Jeanjean (12,60 $ - 266064) et **Hugues de Beauvignac 2004** (13 $ - 632315).

▸▸ *Au chalet* : le cabernet sauvignon **Trumpeter 2004** (13,75 $ - 318741) d'Argentine égaie avec son fruité ensoleillé et passablement contagieux.

Août

Dans le vignoble, les fiançailles du terroir et de la vigne sous l'œil amusé du soleil estival vont bientôt permettre à la vendange de parfaire l'union ultime. «Août fait le moût», dit-on. Le profil du millésime entre dans sa phase critique. L'époque est pour nous à la récolte des fruits mûrs que l'on transpose tout naturellement aux vins dont nous nous délectons en cette fin d'été.

▸▸ *Un air de blanc* : le Chilien **Chardonnay 2004** de **Errazuriz** (13,60 $ - 318741) accompagnera légumes du Québec et plats goûteux.

▸▸ *Un air de rouge* : le Capardès **Château Pennautier 2003** (13,85 $ - 560755) fera de même, surtout sur vos dernières grillades.

Septembre

Septembre annonce l'achèvement et aussi la transition. Le vignoble avec ses nombreux cépages va réaliser son rêve et le nôtre. Les vignes portent fruits. Il y a de l'activité dans l'air. C'est la rentrée et les cours de dégustation reprennent.

▸▸ *Un blanc pour le «vins et fromages»*: le **Fumaio 2004** de Banfi (15,95 $ - 854562) est tout ce qu'il y a de polyvalent.

▸▸ *Un rouge pour le «vins et fromages»*: laissez-vous séduire par le **Château Mauléon 2003** (11,65 $ - 455972), un vin souple et tendrement épicé, vinifié avec art par les Vignerons Catalans. Pour sa fraîcheur, son équilibre classique et la pureté de son fruité.

Octobre

Octobre poursuit sur la lancée de septembre avec des vins qui savent, par leur fruité, faire oublier que le vignoble a déjà livré ses fruits. Le vin est ici convivial et réunit ceux et celles qui veulent et savent s'amuser en transformant le simple apéritif en un pur moment de grâce.

▸▸ *Le cocktail convivial*: à coup sûr un blanc sec et moderne de la Rueda en Espagne, le **Hermanos Lurton 2004** (15,45 $ - 727198), très jaseur sur tous les tapas que vous pourrez imaginer. Du rouge? Pourquoi pas le souple **Pinot noir 2003** de chez **Michel Laroche** (13,95 $ - 309286), en provenance de Corse et servi autour de 14 °C.

→ *Le cocktail jet-set* : côté bulles, le spumante italien **Nino Franco Brut** (19,75 $ - 349662) se distinguera par sa touche particulièrement élégante. En blanc, optez pour le superbe **Chablis Saint-Martin 2003**, de chez Laroche (24,95 $ - 114223), au profil minéral et floral avoué. En rouge, le **Big House Red 2003**, de Ca'del Solo (18,50 $ - 308999) fera jaser à coup sûr avec sa capsule à vis qui lui assure une fraîcheur fruitée du tonnerre !

Novembre

Il faudra compenser la lumière naturelle décroissante par les éclats qui brillent derrière la bouteille...

→ *Pour le premier tête-à-tête amoureux* : pourquoi pas une demi-bouteille du **Vidal Select Late Harvest 2004** de chez **Inniskillin** (21,45 $ - 398040), à la fois doux, onctueux et tonique ?

→ *Pour des retrouvailles* : faites confiance à la cuvée Abbotts **Cumulus 2000** ou **2001** en Minervois (16,90 $ - 642546), veloutée, épanouie, lumineuse et richement fruitée.

Décembre

Quand la famille élargie passe à table, le vin se doit d'être tout aussi festif qu'abordable. Surtout, il ne doit pas faire perdre la tête ni alourdir les estomacs !

→ *À Noël* : en blanc, le **Chablis Champs Royaux 2004**, de **William Fèvre** (22,75 $ - 276436) vous comblera. Côté rouge, la **cuvée Ghuillem 2003** du Moulin de Gassac dans l'Héreault (11,60 $ - 554105) est tout à fait appropriée. Ou encore optez pour le doux **Alambre Moscatel de Sétubal 2000** (15,85 $ - 357996) servi entre 12 et 14 ⁰C.

▸▸ *Au jour de l'An* : les bulles des **Blanquettes de Limoux** de Sieur d'Arques (19,30 $ - 094953) ou du **Domaine de Fourn 2002** (18,50 $ - 220400), toutes deux issues du millésime 2001, sont prêtes pour les festivités. Côté blanc, le **Château Roquebrun 2004** (18,05 $ - 701458) en coteaux-du-langue-doc, à base de roussanne et de grenache blanc, se montrera à la hauteur. Pour du rouge, gâtez vos convives avec le **Mercurey 2002 ou 2003** de chez **Michel Juillot** (28,50 $ - 573402), en Bourgogne.

La
personnalité
du vin de l'année

Nadine Gublin

La personnalité du vin de l'année

ENTREVUE EXCLUSIVE
Nadine Gublin, en Bourgogne

Directe, précise, rigoureuse, transparente, presque pudique, Nadine Gublin est à l'image de ses jeunes vins. Mais aussi attachante, détaillée, profonde et volubile que ceux-ci lorsqu'ils atteignent le mi-temps de leur vie. Voilà bientôt 20 ans que cette Champenoise d'origine fricote avec les cépages chardonnay et pinot noir en Côte d'Or, à titre d'œnologue et de directrice de la qualité pour l'ensemble des vins de la maison Antonin Rodet. Une ambassadrice qui ne mâche pas ses mots, mais qui vous laisse mâcher ses vins, attentive à vos réactions, mais aussi très confiante dans ce qu'elle a à offrir. Avec raison, d'ailleurs. Suivant de près son travail depuis plusieurs années, en Bourgogne et ailleurs, je l'ai rencontrée à Montréal en juin 2005 lors d'une dégustation. Je partage ici avec vous ce rare bonheur.

Q. : À titre de directrice de la qualité chez Antonin Rodet mais aussi au réputé Domaine Jacques Prieur, à Meursault, qui possède quelque 20 hectares donnant certains des plus prestigieux crus de la Côte d'Or, on ne peut pas dire que la vie soit triste pour vous !

R. : J'ai une chance énorme, il est vrai, de pouvoir côtoyer les musigny, chambertin, échezeaux, chevalier-montrachet, corton-charlemagne et montrachet, mais aussi une responsabilité qui va dans le même sens, car je ne peux pas décevoir, à commencer par moi-même !

Q. : Vous semblez exigeante en ce qui a trait non seulement à votre propre performance mais aussi à celle de votre équipe. J'irais même jusqu'à dire que les vins sont à votre image…

R. : C'est vrai que je place la barre haut, tout comme Bertrand Devillard et Martin Prieur, qui m'assurent de leur entière confiance, mais je persiste à croire qu'un bon vin, du bourgogne régional aux grands crus, se fait à partir de petits détails qualitatifs qui rehaussent l'ensemble. Le moment des vendanges, par exemple, et sa logistique très pointue commandent une cueillette du raisin par nos équipes de vendangeurs qui tienne compte rigoureusement des maturités sucre/acidités, mais aussi de maturités phénoliques, que je souhaite parfaites.

Q. : Cela ajoute sans doute au «style Gublin», mais j'ai toujours l'impression que cette rigueur, cette retenue de départ, comme si le vin emmagasinait l'énergie pour mieux la libérer au fil du temps, est déjà la marque du grand vin. Vous avez en tout cas réussi à bien naviguer entre l'éclat naturel d'un vin et son côté, disons, plus voyant, plus tapageur…

R. : En bout de course, surtout en Bourgogne, c'est le terroir qui a le dessus. Prenons le cas de l'échezeaux et du montrachet, qui demeurent admirables dans les petites comme dans les grandes années grâce au terroir qui les distingue ; rien n'entrave dans le temps leurs expressions uniques. Je réunis simplement, en aval comme en amont, les conditions nécessaires à leur plein épanouissement. Le pinot noir comme le chardonnay doivent jouer la finesse au détriment de la caricature aromatique et gustative, ce qui ne veut pas dire qu'ils doivent être minces et dépourvus de substance! Au contraire, la maturité que j'impose à la vigne habille mes vins avec une rondeur et une richesse qui ne me déplaisent pas. Je dois avouer aussi que le passage au bio, sous la supervision de notre chef de culture Daniel Godefoy, a permis en ce sens de se réapproprier cette dimension de présence à la fois dans le caractère comme dans l'étoffe de nos cépages.

Q. : Diriez-vous que la Bourgogne a beaucoup changé depuis les 20 dernières années?

R. : Il n'y a pas eu d'effets de mode particuliers ici, par exemple comme à Bordeaux qui, depuis 1982, et surtout sous l'œil du critique américain Robert Parker, a mis le cap sur des vins plus colorés, plus concentrés, voire nettement plus boisés. Je dirais que le Languedoc et sa syrah, et bien sûr Bordeaux avec Michel Rolland, ont eu une influence sur la Bourgogne à partir du début des années 1990, une influence légèrement en retrait depuis avec des vins plus harmonieux, mieux balancés. Mais il ne faut pas se cacher que la référence aujourd'hui demeure, du moins chez le consommateur, les vins colorés et opulents dotés d'une dominante de fruit. Le millésime 2003 renforce cette référence, alors que 2002 jouait la carte de la subtilité, de l'équilibre et de l'élégance, surtout pour les blancs. C'est ce dernier millésime que je préfère, mais attention, il ne faut pas confondre finesse et… dilution, parce que le vin manque justement de matière derrière.

Q.: En blanc comme en rouge, le bourgogne régional de chez Rodet trouve encore une fois sa place dans ce guide. Quelle est votre perception de l'entrée de la gamme maison?

R.: Le bourgogne régional est peut-être actuellement le maillon faible de la production bourguignonne, et c'est justement la raison pour laquelle j'y attache de l'importance. Je pense qu'il est primordial au départ d'offrir au consommateur une idée nette et précise du chardonnay et du pinot noir avant qu'ils ne grimpent dans l'échelle des crus. Et puis, avec la concurrence, la Bourgogne a-t-elle le choix?

DÉGUSTATION
Les vins de Jacques Prieur

Il faudra fouiller pour dénicher ces cuvées provenant de chez Jacques Prieur, mais elles valent amplement la recherche. Aux cuvées de 2002 succéderont celles de 2003, offertes en plus petites quantités encore. Quant aux cuvées de 2004, plus difficiles à vinifier, on en reparlera l'an prochain. Elles sont cependant à la hauteur des attentes de Nadine Gublin. D'ailleurs, son montrachet 2004 s'inscrit déjà comme une référence.

■ LES ROUGES

Beaune Premier Cru Champs Pimont Domaine Jacques Prieur 2001 (64 $ - 907006)

Ferme, pourvu d'une franche acidité, ce Champs Pimont est pour le moment dans sa coquille et ne révélera sa riche palette aromatique que dans quelques années. Typique du millésime. La carafe s'impose. (★★★ 1/2)

Beaune Clos de la Féguine Jacques Prieur 2001 (76 $ - 919639)

Avec cette parcelle exposée plein sud au-dessus des Cras, la race se précise avec une idée sous-jacente de maturité et de minéralité. Bouche bien encadrée, étoffée avec du grain, du fruit et ayant une remarquable tenue. Longue finale sur les épices exotiques. (★★★★)

Volnay Premier Cru Champans 2002 (98 $ - 10295287)

Fruité apparent et mûr de cerise fraîche et tanins amples, juteux, mais aussi structurés et pourvus d'une mâche affirmée. Éclat et longueur. (★★★★)

Volnay Premier Cru Clos des Santenots 2002 (107 $ - 10295279)

Coloré, expressif, au boisé suggestif et au fruité d'une grande pureté, le vin offre beaucoup d'élégance sur un ensemble où le terroir affiche une tonalité de haute définition. Prometteur. (★★★★)

Chambertin Grand Cru 2002 (224 $ - 10294153)

Avec le repli des jeunes vignes en appellation Village, Nadine Gublin concentre ici l'essentiel des quatre minuscules parcelles totalisant 0,8397 hectare. Quel jus! Vin coloré, puissant et complet en tous points, dense et concentré, mais aussi aérien et très élégant, bien qu'il ne faille nullement sous-estimer la densité fruitée qui se raffermit en milieu de bouche avec une délicieuse astringence au final. Attendre, si vous le pouvez. (★★★★ 1/2)

Échezeaux Grand Cru Jacques Prieur 2002 (219 $ - 10295295)

Tout juste à la sortie de La Combe d'Orveau, un échezeaux plus large que nature, avec un fruité compact, tenu avec une insolite combinaison de rigueur et de plénitude. Toute la sève d'un grand seigneur livré par une Nadine Gublin qui lui fait endosser sa redingote royale. Grand vin! (★★★★★)

◼ LES BLANCS

Meursault Clos de Mazeray Domaine Jacques Prieur 2001 (78 $ - 708578)

Un blanc sec émancipé, riche et bien droit avec ses nuances légèrement oxydatives de grillé, de beurre frais et d'épices. Bouche ronde évoluant rapidement vers la pomme mûre et le beurré pour terminer sur une touche amère qui lui confère prestance et autorité. La carafe et les grands poissons en sauce lui conviendront. (★★★)

Meursault Clos de Mazeray 2002 (82 $ - 10295244)

Plus d'éclat et de fraîcheur que le précédent, avec une bouche souple, ample, fraîche et satinée, aux nuances de pomme et de tilleul. Superbe équilibre et distinction de première. (★★★★)

Beaune Clos de la Féguine 2002 (87 $ - 10294129)

Grande pureté sur le plan des arômes comme sur celui des saveurs, avec une touche biscuitée, presque minérale, et cette impression délicieusement texturée du charnu d'une poire en bouche. Long et brillant. (★★★★)

Meursault-Perrières Premier Cru 2002 (163 $ - 10295252)

L'un de mes vins préférés, mais à quel prix, hélas! Taillé dans le cristal, ce Perrières multiplie les facettes lumineuses et savoureuses avec un détail, une subtilité, une transparence, un piqué qui laissent bouche bée. Fruité rond, dense, serré, gravitant autour d'un axe minéral qui ajoute à son indéniable race. Simplement affriolant! (★★★★ 1/2)

Puligny-Montrachet Premier Cru Les Combettes Jacques Prieur 2001 (122 $ - 10211346)

Bel or plein, légèrement beurré et praliné sur le nez, et bouche fraîche, texturée, balsamique, pourvue d'une sève nourrie et savoureuse. Jolie matière pour un avenir radieux. (★★★★)

Corton-Charlemagne 2002 (195 $ - 10294145)

Couleur or vert pâle qui témoigne d'une vinification soignée, arômes timides de bruyère, de tilleul, de fruits blancs, et saveurs denses, précises, «corsées», filant rapidement à la verticale avec une déroutante intensité savoureuse. Finale longue, ferme, retenue, d'une sève évidente. Dix ans minimum! (★★★★ 1/2)

Chevalier-Montrachet 2002 (363 $ - 10294137)

Le montrachet du pauvre dont la richesse d'âme lui permet de se rapprocher des dieux! Ici, c'est la grande finesse qui frappe, une finesse discrète mais pénétrante sur tous les plans, comme un chuchotement persistant, inoubliable. Poire, pomme, abricot, gingembre et boisé raffiné sur une trame onctueuse, lisse, admirablement tendue. TGV! (★★★★★)

Montrachet 2002 (700 $ - 10295261)

«Il y a des tanins dans le Montrachet, et c'est bien le seul blanc que je connaisse qui ait vraiment cette particularité», disait Nadine Gublin en savourant ce qui est considéré, avec raison, comme l'archétype du grand vin blanc. Insaisissable et indescriptible comme toujours, le Montrachet est vraiment un manipulateur de première qui sait exactement vous emmener là où vous n'avez jamais osé offrir votre palais. Tout est intégré à la perfection dans ce vin d'une redoutable jeunesse et d'une profondeur pour le moins abyssale. On ne quitte pas le Montrachet, c'est lui qui vous quitte, 15 minutes après l'ineffable gorgée… (★★★★★)

Le millésime 2004

selon Bernard Hervet, directeur de la maison Bouchard
Père & Fils, à Beaune

Q.: Après une année 2003 plutôt flamboyante en Bourgogne, dont vous avez déjà dit qu'elle n'était pas très loin de l'esprit de 1947, comment situez-vous le récent millésime 2004?

R.: Nous sommes revenus à un millésime plus classique, peut-être avec des blancs supérieurs aux rouges – malgré les rendements relativement élevés des blancs – mais dont la pureté aromatique, de Mâcon à Chablis, ne se dément pas. Ce sera plus hétérogène pour les rouges, et même s'il est encore trop tôt pour conclure, j'ai l'impression que, en 2004, la Côte de Beaune l'emporte sur la Côte de Nuits. Le danger encore une fois sera de ne pas reproduire le millésime précédent en faisant plus gros avec une matière qui n'avait rien à voir avec celle de 2003. En ce sens, la grande question du vinificateur sera de découvrir où se situe l'équilibre du millésime.

Q.: Vous voulez dire, par exemple, qu'un corton-charlemagne 2004 pourrait avoir des affinités de style avec ses petits cousins chablisiens en matière de grands crus?

R.: Il partagera sans doute cette même tension sous-jacente, cette espèce de minéralité qu'il ne faut pas confondre ici avec acidité. Pour le reste, les fermentations malolactiques se chargeront de lui arrondir les angles en offrant cette impression supplémentaire, pour ne pas dire cette générosité de sève typique des corton-charlemagne.

Si vous passez par Beaune prochainement, faites un saut chez Bouchard Père & Fils et revivez l'esprit du millésime 1947 avec un 2003: il sera toujours temps de savourer les 2004!

—————— **DOSSIER** ——————

Gros plan sur le vignoble de Bourgogne

De Chablis à Mâcon, ou jusqu'à Villefranche pour celles et ceux (dont je suis) qui admettent que le gamay et son beaujolais font partie de la grande Bourgogne, le programme est vaste et les vins jalousés dans le monde entier. Morcelé et fragmenté comme nul autre vignoble, le terroir exprime ici, sous le couvert d'innombrables climats et de lieux-dits, les variations les plus subtiles et les plus fascinantes. De quoi s'amuser jusqu'à plus soif (ça m'étonnerait, ça!) et raconter jusqu'à en perdre son vocabulaire. Je vous livre ici le fruit de mes dernières entrevues bourguignonnes sur le terrain, à Chablis et à Beaune, pour mieux situer le vignoble en 2006.

—————— **Chablis** ——————
Quand le chardonnay se fait chablis

Si tous les chablis sont à coup sûr des chardonnays, et que tous les chardonnays ne sont pas nécessairement des chablis, alors quelle est la différence entre tous les chardonnays du monde et ceux de Chablis? Eh bien, ceux de Chablis!

Avec le vin de Champagne, celui de Chablis est sans nul doute le vin le plus copié aux quatre coins de la planète. Une fierté dont pourrait s'enorgueillir la France si ce n'était que la méthode, à peine cavalière, sape aussi à la base ce système d'appellation d'origine contrôlée (AOC), dont elle-même n'est pas peu fière non plus. Faut-il s'en réjouir? «Je pense qu'il faut continuer à mettre de la pression pour faire changer les choses, car le procédé n'est tout simplement pas acceptable. Chablis n'est pas une marque, mais une appellation contrôlée, et c'est dans ce sens qu'elle doit être perçue et respectée », disait à l'époque Pierre-Henry Gagey, en présence de Bernard Hervet, directeur général de Bouchard Père & Fils, lors d'un point de presse au premier Vinexpo Americas, à New York en octobre 2002.

La situation est d'autant plus préoccupante que les « simili-chablis » sévissent toujours avec un sans-gêne proprement déconcertant, que ce soit en Australie ou en Argentine. Mais ce sont les États-Unis qui se retrouvent dans le collimateur puisqu'ils sont, de loin, les plus grands imitateurs de ce type de chablis avec une production annuelle, en volume, oscillant entre 1,2 et 1,5 million d'hectolitres, soit environ 6,5 fois la production annuelle de la célèbre appellation bourguignonne ! Même son de cloche, trois ans plus tard, de la part de Jean-Paul Durup, rencontré récemment chez lui à Chablis, au château de Maligny : « Le chablis dont vous parlez est devenu aux États-Unis une marque de vin ordinaire dont le contenu n'est autre qu'un assemblage de cépages... sauf du chardonnay. Et c'est bien là toute la contradiction, sinon la supercherie ! D'une part, le chardonnay est considéré aux États-Unis comme étant un cépage à la source de grands vins et, d'autre part, ce chablis de marque dont il est question n'en contient pas un centilitre. »

Triste histoire qui n'est évidemment pas sans nuire aux vignerons tirant des marnes kimméridgiennes le grand chardonnay que l'on sait, mais dont le paradoxe, avouons-le, est tout de même sympathique. « Le chablis ne connaît pas la crise », titrait *Le Figaro* en 2004 sous la plume de Laure Gasparotto. « C'est toujours vrai en ce qui concerne l'exportation, reprendra d'ailleurs Jean-Paul Durup, mais je dirais que la crise est plutôt chablisienne, avec des cours trop élevés sur le prix des raisins, surtout en 2003. Heureusement, tout semble revenir à la normale en 2004 alors que le marché commence lui aussi à respirer. » Reste que la vigilance est plus que jamais de mise.

Bien plus que du chardonnay !

Chablis n'est pas une marque déposée et ne le sera jamais. Même si le nom demeure gravé comme tel dans l'imaginaire des gens. On en sait d'ailleurs quelque chose chez les Durup, propriétaires de près de 200 hectares dans la région : « Le chardonnay est bien sûr le cépage, mais nous faisons avant tout du chablis, comme bon nombre de mes collègues vignerons d'ailleurs, et ça, c'est important de le dire ! » lancera un Jean-Paul Durup convaincu que le vignoble doit sans cesse être raconté, au-delà du nom, jusque dans ses subtilités. « Actuellement, un peu moins de 5 000 hectares sont plantés et quelque 1 600 hectares environ sont encore disponibles, et pas nécessairement dans les moins bons sites. Mais ce qu'il faut surtout dire aux lecteurs de votre guide, c'est que Chablis est une zone en appellation d'origine délimitée par l'Institut national des appellations d'origine (INAO), que 20 villages ont droit de produire du chablis et que les sols très pauvres jumelés à un climat rigoureux concourent à une intensité, voire à une minéralité unique. Bien plus que du chardonnay, il existe des chablis ! »

La notion de millésime ne pourra d'ailleurs être plus explicite qu'en évaluant l'écart qui sépare les 2003 des 2004. C'est d'ailleurs ce qui fait la beauté de la chose. Chez J. Moreau & Fils, Alain Braud et Denis Gigault, respectivement maître de cave et directeur technique, voient l'année 2004, pour la région chablisienne, comme « un millésime classique où la sélection et le travail en amont feront la différence… avec des acidités classiques et un pH allant de 2,9 à 3,3 avant fermentation, et ce, après une année 2003 hors norme. Les fermentations malolactiques seront de rigueur. » Même constat chez Durup : « L'année 2004 a été une récolte normale, classique, malgré un été catastrophique, frais et pluvieux et de faibles températures jusqu'à la fin d'août. Puis, surprise générale, des 4,5 degrés sur pied en septembre, nous avons pu vendanger la deuxième semaine d'octobre à 12 degrés naturels! La vigne a décidément des secrets qu'elle nous livre au compte-gouttes! Bien sûr, le pH est bas, mais le vin s'ouvre déjà mieux que celui de 2001, par exemple, avec des nuances très nettes de fruits blancs.» Pas surprenant, donc, que le chablis, le vrai, diffère d'un millésime à l'autre: c'est dans sa nature. Un luxe, par contre, que la «marque» chablis ne pourrait jamais se permettre!

Beaune
Quand la Côte de Beaune joue à la marelle

Moins riche et structuré que son cousin de la Côte de Nuits, le vin de la Côte de Beaune décline, en blanc comme en rouge, une palette dont la luminosité des parfums et la trame aérée de la texture enchantent. Surtout lorsqu'il trouve son point d'équilibre.

Capitale viticole de la Bourgogne et, depuis le XVIIIe siècle, place forte en ce qui a trait au négoce bourguignon, la ville de Beaune donne aussi son nom à cette côte qui va de Pernand-Vergelesses à Santenay en passant par Chassagne et Puligny-Montrachet, Meursault, Volnay et Pommard, et qui produit jusqu'aux portes de la ville. Elle donne aussi une flopée de vins fins, dont les blancs, qui constituent sans doute les plus brillantes expressions. Le bon docteur M. J. Lavallé, auteur du fameux traité des grands vins de la Côte d'Or en 1855, ne s'y était d'ailleurs pas trompé: «Ce n'est donc pas se laisser aller à un sentiment exagéré de patriotisme que de proclamer l'immense, l'incontestable supériorité de nos vins (de Bourgogne). C'est le répéter après mille autres, que d'affirmer qu'ils sont au premier rang et que peut-être quelques-uns d'entre eux n'ont point de rivaux. Exquise finesse dans le bouquet; saveur à la fois chaude et délicate, se prolongeant quelques instants et laissant après une haleine douce et embaumée ; couleur vermeille, pure, pas trop foncée, limpidité parfaite ; action bienfaisante sur les organes de digestion ; telles sont les hautes qualités qui font des vins de la Côte d'Or les premiers vins du monde... » Difficile encore aujourd'hui de lui donner tort.

Le style beaunois

« L'équilibre pour moitié rouge moitié blanc des vins produits au cours des années 1980 s'est inversé graduellement depuis une dizaine d'années en faveur du blanc, qui frise dorénavant les 64 % de la production totale en volume, du moins pour les appellations régionales et communales », mentionnait Jean-Charles Servant, du BIVB (Bureau interprofessionnel des vins de Bourgogne), lors de la dernière édition des Grands Jours de Bourgogne. Est-ce à dire que le chardonnay et le pinot noir continuent de jouer à la marelle avec une aisance qui confine toujours au génie ? Oui, mais à condition que le cépage en question trouve sous-sol à ses racines comme d'autres chaussures à leurs pieds ! « Il y a eu une mode pour les blancs, mais ça se calme, avance Franck Grux, de la maison Olivier Leflaive. Je regrette que les blancs qui affectionnent plus les terroirs calcaires aient été plantés ces dernières années dans des sous-sols argileux, propices au pinot noir. Résultat : les rouges plantés aux mauvais endroits ne se vendent pas ou se vendent mal. » Et en matière de blancs, Franck Grux connaît la chanson, puisque la maison dont il est le directeur technique décline 90 % de sa production dans cette tonalité, qu'elle se nomme saint-aubin, saint-romain, meursault, ou encore puligny et chassagne-montrachet, sans oublier chablis.

Mais en blanc comme en rouge, il doit bien y avoir un style beaunois ? « Je ferais graviter le cœur de l'appellation en face de la ville de Beaune, autour des crus des fèves, grèves et teurons, au registre plus fondu et épicé», dira pour sa part Bernard Hervet, avant d'ajouter que «les marconnets au nord, un rien plus sérieux, se rapprochent dans leur jeunesse des nuits-saint-georges, alors que les boucherottes, plus secrets, se partagent les caractéristiques des pommard du sud. En d'autres mots, ils n'ont peut-être pas la puissance des pommard, l'élégance des volnay ou la sève des corton qui les jouxtent, mais quels parfums ils livrent lorsqu'ils s'ouvrent!»

Un
cellier
à votre image

Un cellier à votre image

Si vous êtes collectionneur d'étiquettes de vins, on dira de vous que vous êtes un œnographile. Rassurez-vous, ce n'est pas bien grave. Vous êtes seulement rêveur ou nostalgique, attaché au souvenir visuel d'un moment cher, pour ne pas dire délicieux. Mais si vous êtes buveur d'étiquettes ou pire, collectionneur de flacons qui, remisés dans votre cave à vins, n'en ressortent que pour être vus sans être bus, alors là, vous êtes à l'aube d'une perversion qui, si elle n'a pas encore été diagnostiquée par le corps médical, n'en est pas moins sournoise.

Car le vin, inutile de le rappeler, n'est pas un dieu inaccessible, vissé sur son socle et qu'il faut vénérer en se prosternant bien bas ; il est plutôt un bon copain qu'on prend dans ses bras et avec lequel on engage une conversation ponctuelle lorsqu'il est justement dans ses meilleures dispositions. Sélectionnez-le selon vos goûts et non selon sa réputation.

Vous préférez le coteaux-du-languedoc d'Olivier Jullien plutôt que le pomerol Château Le Pin ? Affirmez-vous et laissez le pomerol à d'autres. Vous avez un faible (très fort) pour les chardonnays du Trentin d'Aloïs Lageder plutôt que pour ceux de Mondavi, en Californie ? Oubliez le Nouveau Monde et fouinez du côté des vieux pays ! Bref, le vin est un ami qui vit, que vous aimez, qui vous fait du bien et vous rapproche à son tour du divin.

Un cellier ou une cave à vins ?

C'est le temps de vous faire des amis et de… les remiser. Alors, cellier ou cave à vins ? La différence réside dans leur format et, bien sûr, leur localisation. Sans doute le plus pratique parce qu'il loge à même l'appartement et se déménage aisément, le cellier de 200, de 400 ou 800 bouteilles est en tous points recommandable. Une chose à retenir : prévoyez toujours plus grand si vous êtes ambitieux, car les coups de cœur sont imprévisibles. Mais sachez aussi gérer ce que vous êtes à même de consommer. « Il vaut mieux boire ses vins plus jeunes que trop vieux », vous dira le sage avant d'ajouter qu'« il vaut mieux aussi les boire que les oublier ». On frise ici la lapalissade.

L'ABC d'un bon cellier

Avec un cellier d'environ 220 bouteilles, vous pouvez déjà vous amuser un peu. Je vous suggère de procéder à l'achat de trois bouteilles à la fois. Ainsi, la dégustation d'une première bouteille servira d'étalon de mesure à la suivante qui, elle, déterminera ce moment magique qui, éventuellement, vous laissera bouche bée après boire. Variez aussi la carte, car votre cellier, comme une bibliothèque, gagnera en intérêt s'il est diversifié.

Enfin, et sans vouloir être redondant, placez-y les candidats qui méritent une bonne sieste, et même une ou deux bouteilles de champagne. Pourquoi ? Parce que le champagne, surtout millésimé, gagne encore, après dégorgement*, à s'épanouir en bouteille, et puis, parce que vous en aurez toujours un sous la main quand la visite arrivera à l'improviste avec des écrevisses fraîches.

---

* Voir « Le glossaire de l'amateur (les mots) », p. 261.

Une question de personnalité

Vous voulez investir dans le contenu d'un cellier mais surtout l'investir de votre personnalité ? Je vous propose ici trois profils de celliers susceptibles de coller, de près ou de loin, avec ce que je ne sais pas de vous mais que je pourrais éventuellement découvrir lorsque vous m'inviterez à déguster les vins qui s'y trouvent et qui vous ressemblent. Car il ne faut pas s'y tromper, votre cellier devrait toujours être à l'image de ce que vous êtes. Voici donc ces profils, qui prennent en compte les types de vins, leur origine et leur composition, de même que les coûts inhérents à l'achat des vins et leur valeur potentielle de revente à l'intérieur d'un marché spéculatif.

Le classique

Le cellier classique mise avant tout sur les valeurs sûres, établies, pour ne pas dire historiques, qui ont fait leurs preuves dans le passé et dont la réputation est bien établie. Une majorité de candidats sont issus des vieux pays, dont la France en tête de liste; ils évoluent bien en bouteille, sont équilibrés, élégants et appréciés pour leur haut degré de civilité. Ce type de cellier correspond aux personnes pondérées, raffinées, loyales et exigeantes, qui n'aiment pas les mauvaises surprises et qui n'hésitent pas à débourser plus pour s'assurer une certaine forme de «paix» qualitative.

Profil	220 bouteilles environ
Types de vins	3% mousseux
	25% blancs
	65% rouges
	7% moelleux
Origine des vins	85% vieux pays
	15% Nouveau Monde
Composition	**vieux pays**
	France (Bordeaux, Bourgogne...)
	Italie (Toscane)
	Espagne (Rioja)
	Allemagne (Rheingau)
	Nouveau Monde
	États-Unis (Napa Valley, en Californie)
Coût à l'achat	$ $ $ $ 1/2
Valeur potentielle à long terme	* * * * *

L'aventurier

L'aventurier sort des sentiers battus et s'ouvre sur des rangs de vigne hors circuit, voire hors mode. Les régions peu connues et les appellations peu fréquentées constituent l'essentiel de ses approvisionnements, effectués auprès de jeunes vigneronnes ou vignerons qui s'imposent déjà comme les stars de demain. Il a soif de découvertes et la qualité comme l'originalité s'inscrivent au sommet de ses préoccupations. Bref, le cellier aventurier dessine la tendance en mettant de côté à bon prix ces bijoux de vins qui feront le bonheur des branchés dans quelques années. Ce type de cellier correspond aux personnalités entreprenantes et avisées qui placent leurs goûts au premier plan et n'ont pas peur de bousculer.

Profil	220 bouteilles environ
Types de vins	3% mousseux 30% blancs 60% rouges 7% moelleux
Origine des vins	60% vieux pays 40% Nouveau Monde
Composition	**vieux pays** France (Sud-Ouest, Languedoc, Alsace...) Italie (Maremma, Sicile...) Portugal (Alentejo, Douro...) Espagne (Priorato, Costa Brava, Galicia...) **Nouveau Monde** Australie (Barossa Valley, Yarra Valley...) Canada (Okanagan Valley, péninsule de la Niagara...)
Coût à l'achat	$ $ $ 1/2
Valeur potentielle à long terme	* * * *

Le branché

Le cellier branché adore être le premier à encaver les nouveautés, même s'il le fait souvent (mais pas toujours) sur la base d'une réputation moussée par l'entremise d'une presse tapageuse pour qui la liquidité d'un vin traduit plus sa performance en Bourse qu'au palais. En ce sens, le branché court tous les lièvres à la fois et explore tous azimuts, forgeant ses goûts sur le tas tout en sachant pertinemment qu'il y en aura dans le lot qui s'harmoniseront en bout de ligne avec ce civet de lièvre qu'il se sera amoureusement préparé. Heureusement, ses bons coups supplantent ses moins bons!

Profil	220 bouteilles environ
Types de vins	5% mousseux 35% blancs 50% rouges 10% moelleux
Origine des vins	50% vieux pays 50% Nouveau Monde
Composition	**vieux pays** France (Languedoc, Bordeaux, Mâcon...) Italie (Toscane, Piémont...) Espagne (Ribera del Duero, Conca de Barbera...) **Nouveau Monde** États-Unis (Oregon, Santa Cruz, Santa Barbara...) Australie (Coonawarra, Adelaïde Hills...) Nouvelle-Zélande
Coût à l'achat	$ $ $ $ $
Valeur potentielle à long terme	* * * * 1/2

Des adresses utiles pour le cellier ou la cave à vins

À Québec:

La Maison de Josée
1646A, chemin Saint-Louis, Sillery
(418) 681-5928

À Montréal:

Vinum Design
1480, rue City Concillors
(514) 985-3200

Aux Plaisirs de Bacchus
1225, rue Bernard Ouest
(514) 273-3104

Serge Saint-Laurent Cave à vins
(514) 488-2811

Le
quiz 2006

Vous avez eu toute l'année pour déguster, analyser, soupeser, tergiverser, briller, ou même vous planter lors de dégustations à l'aveugle. Maintenant, il est temps pour vous de passer à table afin d'évaluer vos performances. Et quoi de mieux qu'un quiz pour vous humecter le cervelet, vous mouiller les neurones et faire transpirer cette série de bourgeons gustatifs qui, s'ils sont laissés à eux-mêmes trop longtemps, peuvent à coup sûr vous plonger dans des situations embarrassantes! Vous trouverez les réponses au bas de la page 260.

1. Qu'est-ce qu'un vin sensuel?

   a. C'est un vin élaboré par une femme.

   b. C'est un vin qui a une forte concentration en linalol et en géraniol.

   c. C'est un vin qui sollicite les sens avant, pendant et après boire.

   d. C'est un vin qui fait du bien à l'homme, surtout quand c'est la femme qui le boit (et vice-versa).

2. Qu'est-ce qu'un vin prestigieux?

   a. C'est un vin qui culmine rapidement à 8 000 beaux dollars la bouteille lors d'une vente aux enchères.

   b. C'est un vin qui assoit sa réputation à la fois sur la qualité de son terroir, sur sa rareté et sur son prix.

   c. C'est un vin de presse sévèrement filtré afin de contrer toutes formes de déviations bactériennes possibles.

d. C'est un vin dont le format des caisses de bois permet de loger 13 caisses de 12 bouteilles chacune dans le coffre arrière de la toute nouvelle Mercedes Classe S.

3. Qu'est-ce qu'un vin novateur ?

a. C'est un vin nouvellement débourbé qui innove par sa capacité à s'éclaircir naturellement.

b. C'est un vin tape-à-l'œil qui succombe aux effets de mode pour assurer sa notoriété et qui coûte la peau des fesses.

c. C'est un vin dont on a su tirer les leçons du passé pour mieux les intégrer au présent tout en jouant d'audace et de vision pour mieux cerner l'avenir.

d. C'est un vin qui a besoin de grands renforts promotionnels pour seulement faire croire qu'il existe.

4. Qu'est-ce qu'un vin puissant ?

a. C'est un vin provenant généralement du Nouveau Monde, qui tire l'énergie nécessaire à la transformation de ses enzymes dans les oligoéléments variés contenus dans le substrat géologique.

b. C'est un vin dont la teneur en polyphénols, combinée à un degré alcoolique élevé, offre au palais une impression d'intensité, de rondeur et de vinosité.

c. C'est un vin dont les bielles lubrifiées avec soin permettent des accélérations gustatives qui, transposé sur le plan de la mécanique automobile, relèvent de l'effet turbo.

d. C'est un vin musclé qui, s'il fait tourner la tête des femmes parce que ce sont les hommes qui en sont friands, provoque parfois chez ces derniers des pannes de l'injection susceptibles d'enrayer la pompe. Une preuve par quatre que la fonction crée l'organe.

5. Qu'est-ce qu'un vin empreint de sérénité?

   a. C'est un vin agrobiologique issu de vendanges tardives qui, en 2005, a été vinifié, collé et élevé avec l'approbation conjointe de l'Institut national des appellations d'origine (INAO) et des ministères français et italien de la Défense, dans le but de subvenir aux besoins des astronautes français et italiens lors de missions spatiales futures. La participation des Italiens se situant pour leur part sur le plan de la lyophilisation du célèbre *parmigiano reggiano* pour accompagner le vin orbital.

   b. C'est un vin performant développé par l'œnologues vedette du bordelais actuel – dont je dois taire le nom, mais il peut afficher les initiales M. R. –, qui consiste à multiplier les interventions sur le plan de l'aération de la cuve préalablement traités avec des levures aromatiques (série B, celles qui sont responsables entre autres du goût boisé-grillé et de cassis très mûr), et qui assure calme et tranquillité d'esprit aux producteurs qui font appel au procédé.

   c. C'est un vin élaboré en gros volumes dont les têtes de cuvée, sélectionnées pour leurs qualités inhérentes à prévenir le stress, sont toutes numérotées avec, sous la collerette du goulot, les lettres S.É.R.É.N.I.T.É., ce qui en garantit l'authenticité. Un millier de caisses a déjà été sélectionné cette année par la SAQ pour garnir le panier de Noël de ses employés lors de la prochaine négociation de la convention collective, prévue fin 2009.

   d. C'est un vin dont les qualités englobent toutes les autres à l'intérieur d'un équilibre qui tient de la perfection, laquelle, comme chacun s'en doute, n'est pas de ce monde, mais ici s'en rapproche.

6. Qu'est-ce qu'un vin de garage?

   a. C'est un vin qui profite de conditions optimales de stockage en vue de son évolution en bouteille lorsqu'il est entreposé près du sol, du côté du mur nord-nord-est d'un garage en béton.

   b. C'est un vin qui fait la fortune du garagiste qui, en plus de son travail de mécanicien, écoule par l'entremise de sa clientèle, un vin maison élaboré dans des conditions qui laisseraient même Pasteur bouche bée.

   c. C'est un vin qui fait la fortune du *gentleman farmer* qui, en plus de son travail de *public relations,* comme le disent si bien les Parisiens, écoule, auprès d'une clientèle triée sur le volet pour ses dollars U.S., un vin maison plus près du cagibi que du garage, dans des conditions qui laissent encore certaines plumes de la presse spécialisée… bouche pleine.

   d. C'est un vin passe-partout dont les qualités, loin de déplaire, trouve à réjouir les noceurs qui se sont déjà «gargaragisés», pour ne pas dire repus de plusieurs bouteilles, en puisant à même leur réserve personnelle et ainsi terminer la soirée sur l'accotement. C'est aussi, depuis quelques années, la bête noire de l'organisme Nez rouge.

7. Qu'est-ce qu'un vin à capsule dévissable?

   a. C'est un vin dont le producteur, soucieux d'en préserver toute la fraîcheur, la netteté et la primauté fruitée, persiste à le mettre en marché contre vents et marées, à une époque où les préjugés sont encore tenaces.

   b. C'est un vin facile, banal, voire dilué et maigrelet, affecté par le fameux «goût de capsule» de plus en plus fréquent sur les côtes est et ouest américaines, en raison de traces d'iode présentes dans l'air.

c. C'est un vin conçu et embouteillé pour faciliter la tâche aux personnes plus habiles à se servir de leur main gauche – les gauchers, en somme – et dont le principe d'ouverture dans le sens contraire des aiguilles d'une montre permet, en plus, de connaître précisément l'heure de la dégustation à venir.

d. C'est un vin dont les rapports entre la pression intérieure et la pression extérieure, générées par l'étanchéité calculée du bouchon dévissable et mesurées en fonction de la théorie du physicien et architecte suédois Gyllensköld, gagnent en complexité sur deux, voire trois décennies. Sans la moindre trace de goût de bouchon !

8. Qu'est-ce qu'un vin de paille ?

a. C'est un vin dont la robe évoque les blés sous le soleil de juillet.

b. C'est un vin qu'on offre avec une paille et qui, dans les événements mondains, par exemple, est très utile pour empêcher tout débordement (du vin comme des invités), privilégiant ainsi une consommation raisonnable d'alcool.

c. C'est un vin issu du passerillage du raisin dont la dessiccation naturelle sur lit de paille participe à l'augmentation du glycérol afin d'obtenir un vin de type moelleux.

d. C'est un vin trop cher payé ou un vin de garage qui laisse souvent sur la paille les acheteurs compulsifs.

9. Qu'est-ce qu'un vin d'une nuit ?

a. C'est un vin vinifié à partir des baies récoltées tard dans la nuit en raison des chaleurs excessives diurnes qui sévissent dans certains vignobles méridionaux.

b. C'est un vin dont le plaisir de consommation décroît dramatiquement avec l'arrivée de l'aube en raison de l'effet « casquette » qu'il procure aux plus téméraires.

c. C'est un vin commercialisé par la Société des alcools du Québec en quantité infinitésimale et qui génère chez l'amateur impénitent une propension immodérée à faire du camping nocturne devant une succursale afin d'être le premier à s'en procurer à l'ouverture des portes.

d. C'est un vin dont la macération sur peau n'est que d'une douzaine d'heures.

10. Qu'est-ce qu'un vin de soif ?

a. C'est un vin tendre, fruité et léger en alcool qui s'avale sans considération philosophique.

b. C'est un vin qui actionne un mécanisme complexe de glandes qui, à l'instar du célèbre réflexe pavlovien, ne trouve son aboutissement que devant le comptoir, avec des amis qui possèdent le même réflexe que vous.

c. C'est un vin dont la constitution, diamétralement opposée à ce que proposent aujourd'hui certains gourous de la presse spécialisée anglo-saxonne, permet une consommation idéale, et surtout, qui rafraîchit en période de canicule.

d. Toutes ces réponses.

1. c, 2. b, 3. c, 4. b, 5. d, 6. c, 7. a, 8. c, 9. d, 10. d

Le
glossaire
de l'amateur
(les mots)

Acide

L'une des saveurs élémentaires avec notamment le sucré, le salé et l'amer. Les principales substances acides, issues du raisin (tartrique, malique et citrique) ou de la fermentation (acétique, lactique et succinique), partagent une impression de nervosité, de mordant, qui confère fraîcheur et nervosité au vin.

Arômes

Chaînes de molécules libérées dans la prime jeunesse du vin au terme de fermentations et perçues tant à l'olfaction qu'en rétro-olfaction. Un vin aromatique possède souvent de la finesse et de l'expression.

Attaque

Mot à consonance par trop belliqueuse qu'il faudrait remplacer par «entrée de bouche» et qui décrit la toute première impression, tout autant physique que chimique, dont le dégustateur fait l'expérience lorsqu'il porte une quantité de vin en bouche. Comme pour une relation humaine, la première impression est souvent la meilleure.

Bâtonnage

Opération qui consiste à remettre en suspension les lies fines en cuve ou en fût dans le but d'enrichir le vin tout en le protégeant de l'oxydation.

Botrytisé

Se dit d'un vin issu de raisins affectés par la pourriture noble, qui ajoute à la complexité de l'ensemble, et dont le vin de sauternes constitue l'exemple le plus classique.

Bouchonné

Se dit d'un arôme qui n'est pas net et dont l'analogie la plus crédible évoque l'odeur ou le goût de liège. Ennemi redoutable et rabat-joie de première pour les producteurs, sommeliers, commerçants et consommateurs, le fameux «goût de bouchon» est aussi imprévisible qu'une attaque de Botrytis et aussi irréversible qu'une déclaration d'amour... avec le vin, bien sûr! Il serait causé par des moisissures et autres trichloroanisoles (TCA).

Bouquet

Après les arômes primaires et secondaires de fruits et de fermentation se déploie, dans le meilleur des cas et après un séjour prolongé en bouteille, l'inimitable bouquet tertiaire. Seuls les grands vins peuvent prétendre en posséder.

Cépage

Sorte, variété ou espèce de raisin (vitis vinifera, labrusca, rupestris, etc.) utilisée pour l'élaboration du vin. On dénombre près de 10 000 cépages différents dans le monde dont une poignée seulement constitue l'essentiel des vins dégustés au quotidien.

Chaptalisation

Opération consistant à ajouter du sucre au moût en début de fermentation pour augmenter le titre alcoométrique (environ 17 grammes de sucre suffisent pour augmenter le moût de 1 % alc./vol.).

Climat

Lieu-dit cadastré (en Bourgogne) bénéficiant, en raison de paramètres liés aux facteurs sols/températures, d'un microclimat spécifique.

Dégorgement

Élimination du dépôt de levure contenu dans le goulot d'une bouteille de mousseux ayant réalisé sa prise de mousse en bouteille. Les lettres «R.D.» sur l'étiquette signifient «récemment dégorgé ».

Dosage

Opération qui consiste à ajouter au mousseux, après le dégorgement, une liqueur d'expédition composée de sucres et souvent de vieux vins de réserve. L'expression «peu ou bien dosé» signifie que le mousseux est plus ou moins sec. Ainsi va la terminologie champenoise : extra brut (moins de 6 g/l de liqueur de dosage), brut (moins de 15 g/l), extra-dry (de 12 à 20 g/l), sec (de 17 à 35 g/l), demi-sec (de 33 à 50 g/l) et doux (plus de 50 g/l).

Doux

Terme visant à définir le taux de sucre (de 20 à 30 g/l) d'un vin plutôt que sa texture au palais.

Équilibré

Se dit d'un vin dont les constituants alcool/acidité/sucrosité/ tanins (pour les rouges) s'équilibrent. Dans ce cas, le vin est aussi harmonieux, voire homogène.

Fruité

Profil aromatique ou gustatif d'un vin ou d'un alcool dont le caractère analogique le rapproche du fruit. Mais attention, et on ne le répétera jamais assez, le fruité d'un vin n'a rien à voir avec son taux de sucre.

Ainsi, un vin fruité peut être sec ou doux. Alors, s'il vous plaît, ne boudez plus ces vins d'Alsace généreusement fruités et vinifiés en secs (moins de 2 g de sucre par litre).

Fût

Logement vinaire assurant la fermentation et l'élevage du vin principalement assemblé avec des douelles de chêne et d'une contenance variable. Ainsi : barrique bordelaise (225 l), pièce bourguignonne (228 l), barrique champenoise (205 l), fût cognaçais (350 l), demi-muid rhodanien (600 l), *pipa* portugaise (550 l) ou encore, *carato* et *caratelli* italiens (de 50 à 225 l).

Levurage

Opération consistant à ajouter des levures sélectionnées en fonction du type de fermentation et du profil aromatique désirés.

Longueur en bouche

Se dit d'un vin ou d'un alcool dont l'« esprit aromatique » demeure présent en bouche longuement après qu'on l'a bu. Un vin long en bouche, ou, si l'on veut, qui a de l'allonge et même de la queue, est un vin qui provient avant tout de la parfaite symbiose terroir/cépage/climat et s'approche donc, par sa race, du grand vin. Synonyme : persistance.

Millésime

Acte de naissance du vin. Un vin millésimé provient exclusivement de l'année de la récolte ou de la vendange.

Moelleux

Désigne à la fois un vin blanc doux dont le taux de sucre est inférieur à celui d'un liquoreux (de 12 à 45 g de sucre par litre), mais souligne aussi l'aspect tactile, physique d'un vin. Un rouge élaboré dans une grande année peut avoir de beaux tanins moelleux, qui fondent au palais.

Net

Se dit d'un vin qui ne présente aucun trait défectueux. Il est droit, loyal et franc de goût et respecte au plus près l'esprit du raisin.

Passerillage

Opération consistant à laisser les raisins sur souche ou à les récolter et à les faire sécher sur un lit de paille ou sur des claies. Technique existant bien avant la reconnaissance des vins atteints de pourriture noble (botrytisés).

Pigeage

Opération consistant à enfoncer le chapeau de marc, dans le but d'augmenter l'extraction à la fois de la matière colorante et des tanins tout en permettant une aération favorable à une bonne multiplication des levures. Bourguignons et Portugais (du Douro) en sont friands.

Polyphénol

Matière colorante extraite par pressurage et macération de raisins noirs, composée d'anthocyanes et de tanins contenus dans la pellicule, les pépins mais aussi dans la rafle de la grappe. Souvent fermes et astringents en jeunesse, les tanins se fondent éventuellement et se déposent au cours de leur évolution au fond de la bouteille.

Remontage

Opération qui consiste à pomper le jus du bas de la cuve vers le haut afin de bien arroser le chapeau de marc en procurant à la fois une aération et une meilleure dispersion des polyphénols contenus dans ledit chapeau de marc.

Robe

Terme emprunté avec élégance à votre garde-robe, mesdames, pour désigner la couleur mais aussi la transparence du vin.

Sec

Se dit d'un vin doté d'un très faible taux de sucre (moins de 2 grammes par litre), à l'inverse d'un vin doux.

Sélection

Clonale: Action de multiplier des individus identiques à partir d'une souche mère ou tête de clone d'un plant de vigne reconnu pour ses qualités.

Massale: Action de sélectionner dans un vignoble donné un plant de vigne reconnu pour ses hautes qualités (rendements naturellement faibles, adaptation parfaite au terroir et au microclimat, typicité unique de flaveurs etc.) afin de le multiplier et ainsi optimiser la complexité finale du vin produit.

Terroir

Ensemble des sols et des sous-sols, de leur exposition et de leur environnement, qui détermine le caractère d'un vin.

Trie

Action de passer entre les rangs de vigne afin de récolter les grains ou les grappes entières d'une vendange sélectionnée, généralement tardivement. Plusieurs passages, ou tries, peuvent être effectués, selon le but visé.

Vendange en vert

Opération consistant à faire tomber les grappes (juillet et août dans l'hémisphère Nord) afin de réduire les rendements par pied de vigne et de permettre une pleine maturation des grappes laissées sur pied.

Vinage (ou mutage)

Ajout d'alcool à un vin pour à la fois stopper la fermentation, élever le titre alcoométrique et assurer une stabilité microbiologique. Porto, malaga, banyul, marsala, pineau des Charentes, etc. sont des vins mutés.

Le
glossaire
de l'amateur
(les cépages)

Les cépages ou, si vous voulez, les raisins avec lesquels sont élaborés les vins, sont l'antidote parfait à la mélancolie et à la monotonie. Ils sont aux artistes du vin ce que les mots sont aux auteurs: le noble canevas qui offre des possibilités infinies. Sans eux, l'univers est glauque et la vie, ma foi, bien triste.

En raison de climats, de terroirs et même de clones différents, les cépages permettent à l'amateur des explorations organoleptiques tout aussi variées que renouvelables selon les contextes et les millésimes donnés. Bref, les cépages sont de véritables petits passeports qui permettent les plus savoureux voyages, à même votre verre de vin.

Si je ne peux décliner ici la totalité des cépages reconnus dans toute la planète vin (il y en a près de 10 000!), je trace le profil des plus connus.

Après les cépages melon de Bourgogne en blanc et gamay en rouge présentés l'an passé, je vous invite à découvrir cette année le chardonnay et le pinot noir, un fameux duo dont il n'est pas faux de prétendre qu'il donne naissance, plus particulièrement en Bourgogne, aux vins blancs et rouges les plus magiques qui soient. Et quand je dis «magique», je ne badine pas!

Nos amis anglo-saxons, par exemple, ne se contentent pas de faire rouler ces mots magiques en bouche avec un plaisir évident; ils poussent la perversion sonore à vouloir prononcer les mots Chablis, Pouilly-Fuissé, Chambolle-Musigny, Vosne-Romanée, Corton-Charlemagne ou encore Bâtard Chevalier Montrachet, dans l'espoir bien légitime d'en savourer plus explicitement le rêve. Jusqu'à la dernière goutte. Et ils ont raison!

EN VEDETTE CETTE ANNÉE

BLANC : Le chardonnay qui chante

Si c'est la commune de Saône-et-Loire, en Bourgogne, qui lui a donné son nom, le chardonnay possède aussi une synonymie incroyable (dont 34 clones en France seulement!) : pinot blanc (sans la forme blanche du pinot noir de Bourgogne), morillon blanc, chardenet, auvergnat blanc, melon blanc, noirien blanc, petit chatey, weiss silber en Alsace, weisser ruländer en Allemagne, meroué au Liban, feinburgunder en Autriche, ou encore shardonne en Yougoslavie. Ce cépage s'est rapidement adapté, mais il a surtout séduit les consommateurs aux quatre coins de la planète. En ce qui a trait à la place sur le terrain que lui consentent les producteurs, le chardonnay n'est ni plus ni moins que le cépage noble le plus planté dans le monde (avec le trebbiano, notamment), surtout depuis le début des années 80.

Pourquoi est-il tant apprécié ? D'abord parce qu'il n'est ni trop voyant ni trop marqué sur le plan des arômes comme des saveurs, qu'il n'est jamais trop acide, qu'il est toujours capable de se faufiler entre les conversations à l'apéritif comme sur le parcours entier d'un repas, bref, qu'il est polyvalent. Son profil axé sur sa «rondeur» naturelle fait en sorte qu'il n'a pas de mal à charmer le palais des néophytes comme des professionnels, qu'ils le préfèrent boisé ou non, hautement minéral ou plus simplement bercé par son fruité de pêche jaune caractéristique.

Il est capable du pire, lorsqu'il se voit dénaturé sous les rendements et les boisages excessifs, comme du meilleur, quand il trouve une veine de calcaire susceptible de régaler ses racines. Là, lorsque tous les éléments sont réunis, sa race, sa majesté lui permettent de se bonifier en bouteille parfois sur plusieurs décennies.

S'il est habile à livrer une matière convenable et même souvent maintenant de haut niveau en Australie, aux États-Unis, en Nouvelle-Zélande, au Chili, en Afrique du Sud, en Italie ou encore en Autriche, c'est véritablement en France qu'il offre, à mon sens, son profil le plus élégant. L'auteur Jancis Robinson nous apprend dans sa merveilleuse *Encyclopédie du vin* (Hachette) que 90 % de ce cépage trouve son terroir de prédilection en Champagne ou en haute Bourgogne, l'Alsace, l'Ardèche, le Jura, la Savoie, une partie de la Loire et le Languedoc s'occupant de lui découper une personnalité bien à lui.

Pour ma part, c'est à Chablis, Puligny-Montrachet, Meursault ou encore du côté de Corton-Charlemagne que le chardonnay chante juste. Ce n'est pas moi qui vais réécrire la partition léguée par les moines de Pontigny, de Cîteaux, de Tournus et de Cluny en Bourgogne !

ROUGE : Le capricieux pinot noir

Le poisson a besoin de son eau, la fourmi de sa pivoine, le matin de son aube, le verre de son vin, le carnivore de sa côte de bœuf, le pinot noir de sa Côte-d'Or et moi, eh bien moi, il me faut mon bourgogne ! Pas tous les jours, soit, mais pas non plus seulement le dimanche. J'entends profiter d'une posologie raisonnable. Du genre qui ferait sourciller de bonheur le stéthoscope du bon docteur M. J. Lavallé, auteur du fameux traité des grands vins de la Côte-d'Or en 1855 et décédé à un âge où la non moins fameuse molécule de resvératrol (3,4',5 trihydroxystilbène), si abondante dans la pellicule du pinot noir de Bourgogne, n'avait pas encore revendiqué son rôle de grande protectrice du système cardiovasculaire de l'humanité. Dommage pour le bon docteur.

Revenons au pinot noir. Les ampélographes, sans lesquels nous n'en serions encore qu'à la reconnaissance du pissenlit (et de son feuillage qui se consomme en salade au printemps), nous apprennent que ce grand cépage noir de Bourgogne donne son nom à la famille des noiriens (pinot gris, pinot blanc, auxerrois…). Il existait déjà en Bourgogne il y a 16 siècles de cela, a fait tourner la tête des moines au Moyen Âge qui, comme pour le chardonnay, lui ont déniché les meilleurs terroirs argilo-calcaire. Il fait encore aujourd'hui rêver les amateurs qui ne jurent que par le clone bourguignon planté en Bourgogne.

Ce sont pas moins de 46 clones qui lui sont officiellement reconnus en France, bien que les meilleurs aient fait l'objet de sélections massales sur le terrain bourguignon au fil des décennies. L'idée : ne retenir que les moins productifs et les plus fins à exprimer les subtiles variations des climats locaux. Bref, le monde entier le réclame, mais il y a très, très, très peu d'élus. C'est qu'il est capricieux ce petit sacripan de pinot noir! Hormis le pays de Philippe le Hardi, c'est en Oregon, aux États-Unis, et dans la Yarra Valley, en Australie, qu'il présente une fidélité sans faille; mais ces terroirs bénis sont talonnés par l'Espagne (Torres), l'Italie (Lageder), l'Afrique du Sud (Bouchard-Findlawson ou Hamilton-Russell) ou encore, la Nouvelle-Zélande du côté de Martinborough ou de Canterbury.

Comment j'aime mon pinot noir? Avec de l'éclat, de la fraîcheur, une robe vive et invitante, pas nécessairement foncée, des saveurs à la fois souples et porteuses, texturées et hautement parfumées. Rien n'arrive d'ailleurs à la cheville du bout de la rafle de la baie d'un pinot au chapitre des parfums d'un vieux Musigny, d'un Clos de Tart à maturité ou d'un Chambertin bien chaussé sur ses patins. Mais comme on n'en boit qu'une larme et seulement qu'aux années bissextiles, voici quelques producteurs sérieux à se mettre sous la dent: B. & C. Devillard , C. & C. Maréchal, Sérafin Père & Fils, P. Bourrée Fils, Domaine de la Vougeraie, Louis Jadot, Bouchard Père & Fils, Alphonse Mellot à Sancerre, Antonin Rodet, Jacques Prieur, Faiveley, Joseph Drouhin, Domaine de Montille, Louis Latour, Chantal Lescure, Sylvie Esmonin, Bruno Clair, Domaine Dujac, Domaine Taupenot-Merme, Bertrand Ambroise, Domaine Anne Gros, Mongeard-Mugneret, Domaine Michel Juillot, Olivier Merlin, A & P. de Villaine et autres Comte Georges de Vogüe.

Les cépages blancs

Aligoté
Peu nuancé, simple, direct, franc et vif.
Flaveurs dominantes : végétale, florale
Lieu de prédilection : Bourgogne (Bouzeron)

Alvarinho
Léger, pointu, pétillant, complexe et juvénile.
Flaveur dominante : herbacée
Lieux de prédilection : Douro et Galicie

Arinto
Traditionnel, rustique, capiteux, vivant et aromatique.
Flaveur dominante : fruits secs (olive verte)
Lieu de prédilection : Portugal

Assyrtiko
Traditionnel, linéaire, frais, fin, capiteux et vineux.
Flaveurs dominantes : florale, fruitée, minérale
Lieu de prédilection : Grèce

Auxerrois
Peu acide, puissant et rond en bouche.
Flaveurs dominantes : fruitée, balsamique
Lieux de prédilection : Moselle, Alsace

Boal
Polyvalent (sec ou doux), complexe, typique, racé et original.
Flaveurs dominantes : fruitée (figue, pruneau, datte),
épicée (pain d'épices), boisée, balsamique avec une pointe animale
Lieu de prédilection : Portugal (Madère)

Bourboulenc
Simple, tendre et rond. Cépage d'assemblage.
Flaveurs dominantes : florale avec touche de miel et d'épices
Lieux de prédilection : AOC provençales

Cattaratto
Vitalité et caractère.
Flaveurs dominantes : fruitée (pomme, citron confit)
Lieu de prédilection : Italie (Sicile)

Chardonnay
Noble, classique, adaptable, complexe, universel, pour ne pas dire…
intergalactique.
Flaveurs dominantes : fruitée (fruits blancs et fruits jaunes),
florale, parfois minérale
Lieux de prédilection : principalement Bourgogne,
mais aussi Italie, États-Unis, Australie, etc.

Chasselas

Simple, friand, généreux, naturel et frais.
Flaveurs dominantes: fruitée (pomme) avec touche herbacée
Lieu de prédilection: Suisse

Chenin

Unique, polyvalent, sérieux, droit, fin, précis, complexe,
profond et mystérieux.
*Flaveurs dominantes: florale (aubépine), végétale, minérale,
fruitée (coing, pomme verte, citron confit)*
Lieux de prédilection: Loire, mais aussi Afrique du Sud

Clairette

Puissant avec caractère prompt à l'oxydation.
Flaveur dominante: fruitée
Lieu de prédilection: Sud de la France

Colombard

Léger et assez neutre.
Flaveurs dominantes: fruitée, herbacée
Lieux de prédilection: Charentes, Gironde, mais aussi États-Unis

Cortese

Subtil, nerveux, fin, léger et longiligne.
*Flaveurs dominantes: florale, fruitée (notes d'agrumes,
d'amandes, d'anis)*
Lieu de prédilection: Piémont

Fiano

Traditionnel, léger, détaillé, fin et gracieux.
*Flaveurs dominantes: fruitée (fruits blancs, amande, noisette),
florale (fleurs blanches), parfois minérale*
Lieu de prédilection: Campanie

Folle blanche

Léger en alcool, peu acide et neutre de caractère.
Flaveur dominante: florale
Lieux de prédilection: Gers, Lot-et-Garonne

Furmint

Original, complexe, vif et expressif.
*Flaveurs dominantes: fruitée (fruits exotiques),
épicée avec touche de miel*
Lieu de prédilection: Hongrie

Garganega

Élégant, charmeur, suave, tendre, précis et vivant.
Flaveurs dominantes: florale, fruitée (anis, melon, agrumes frais)
Lieu de prédilection: Vénétie

Gewurztraminer

Coloré, exhibitionniste, ample, frais et expressif.
Flaveurs dominantes : florale (eau de rose), épicée,
fruitée (orange, litchi, gingembre), balsamique
Lieu de prédilection : Alsace

Grenache blanc

Capiteux, vineux, riche, savoureux et ample.
Flaveurs dominantes : fruitée, épicée
Lieux de prédilection : régions méditerranéennes, Espagne

Malvasia

Noble, polyvalent, ample, original et traditionnel.
Flaveurs dominantes : épicée, fruitée, florale
Lieux de prédilection : Grèce, Italie, France, Espagne, Portugal

Marsanne

Coloré, rond, riche, simple et fragile.
Flaveurs dominantes : épicée, balsamique, fruitée
Lieu de prédilection : vallée du Rhône

Mauzac

Traditionnel, polyvalent, simple et rustique.
Flaveur dominante : fruitée (pomme)
Lieu de prédilection : Gaillac

Melon de Bourgogne

Lumineux, tranchant, léger, vif, droit et longiligne.
Flaveurs dominantes : fruitée (citron, pomme, note de poire),
florale, minérale, parfois musquée
Lieu de prédilection : Loire

Moscophilero

Intense, aromatique, assez fin, primeur.
Flaveurs dominantes : fruitée (pomme, citron), minérale
Lieu de prédilection : Péloponnèse

Muscat (moscato)

Séduisant, simple, facilement identifiable, voluptueux, attachant,
fin et diversifié.
Flaveurs dominantes : fruitée (raisin frais), florale (miel),
épicée (pâtisserie, pain d'épices)
Lieux de prédilection : Alsace, mais aussi Espagne, Italie,
Portugal, États-Unis…

Palomino fino

Énigmatique, original, fier, pointu. Gagne en profondeur
avec élevage adéquat (xérès).
Flaveurs dominantes : florale (camomille), minérale,
fruitée (noix, olive verte)
Lieu de prédilection : Andalousie

Petit manseng

Original, intense, polyvalent, riche, complexe et séducteur.
Flaveurs dominantes : fruitée (noix, abricot sec,
châtaigne, nèfle), épicée, balsamique (miel)
Lieu de prédilection : Pyrénées-Atlantiques

Pinot blanc

Accessible, rond, constant, direct, simple, fluide et agile.
Flaveurs dominantes : végétale, florale (sureau)
Lieux de prédilection : Alsace, Allemagne

Pinot gris

Noble, caméléon, profond, généreux et élégant.
Flaveurs dominantes : épicée, fruitée
Lieux de prédilection : Alsace, Allemagne

Picpoul (ou Piquepoul)

Sec, simple, linéaire et tonique.
Flaveurs dominantes : florale, fruitée (pomme)
Lieu de prédilection : étang de Thau en
Languedoc-Roussillon

Prosecco

Rieur, tendre, léger, charmeur et parfumé.
Flaveurs dominantes : florale, fruitée (pomme)
Lieux de prédilection : provinces de Bergame, Padoue,
Trévise, Trieste, Udine

Riesling

Racé, fier, fin, vibrant et détaillé.
Flaveurs dominantes : florale, minérale, fruitée
Lieux de prédilection : Allemagne, Alsace, Moselle

Roussanne

Subtil, vivace, complexe, expressif, aristocrate et fragile.
Flaveurs dominantes : florale (aubépine), fruitée (pomme mûre,
coing, noisette), balsamique, épicée avec une touche de miel
Lieux de prédilection : Savoie, Rhône, Languedoc-Roussillon,
Provence

Sauvignon

Persistant, classique, direct, très expressif et structuré.
Flaveurs dominantes : fruitée (orange, pamplemousse), herbacée,
épicée, florale (lys blanc), parfois minérale,
parfois animale
Lieux de prédilection : Loire, Bordeaux, Nouvelle-Zélande

Savagnin

Original, pas facile d'approche, nuancé, typique et avec du caractère.
Flaveurs dominantes : fruitée (pomme, noix),
épicée avec une touche de miel
Lieu de prédilection : Jura

Sémillon

Indolent, enveloppé, discret, moelleux et sensuel.
Flaveurs dominantes: florale, fruitée (abricot, pêche, citron), épicée avec une touche de cire d'abeille
Lieux de prédilection: Gironde, mais aussi Australie

Sylvaner

Malicieux, honnête, simple, direct, vif et léger.
Flaveurs dominantes: fruitée (agrumes, pomme), végétale (côté herbacé de fougère)
Lieux de prédilection: Alsace, Moselle

Vermentino

Traditionnel, typé, complexe, mordant et expressif.
Flaveurs dominantes: fruitée (fruits jaunes), végétale, balsamique (résine), épicée
Lieux de prédilection: Corse, Sardaigne, Alpes-Maritimes, Pyrénées-Orientales

Vernaccia

Direct, pointu, avec du caractère, expressif et original.
Flaveurs dominantes: fruitée (citron, fruits secs), florale, minérale, épicée (anis)
Lieux de prédilection: Toscane, Sardaigne

Viognier

Séduisant, plein, subtil, voluptueux, exotique et complexe.
Flaveurs dominantes: fruits exotiques, florale, balsamique, épicée
Lieux de prédilection: Condrieu (Rhône), mais aussi États-Unis

Les cépages noirs

Barbera

Vigoureux, rustique, anguleux, tannique et vivant.
Flaveurs dominantes: fruitée (cerise noire, prune mûre), boisée, végétale
Lieu de prédilection: Italie, particulièrement Piémont

Brunello di Montalcino

Aristocrate, avec du panache, charnu, puissant, sensuel et profond.
Flaveurs dominantes: fruitée, animale, boisée, végétale, épicée (cerise, cassis, mûre, poivre, parfums complexes de cuir, de tabac, d'encens)
Lieu de prédilection: commune de Montalcino (Toscane)

Cabernet franc

Coloré, convivial, un brin rustique, simple et frais.
Flaveurs dominantes : fruitée, herbacée, boisée
Lieux de prédilection : Loire, Sud-Ouest, Aquitaine, Savoie,
mais aussi Italie et Autriche

Cabernet sauvignon

Structuré, noble, frais, stylé et complexe.
*Flaveurs dominantes : fruitée (petits fruits noirs), végétale
(mentholée), empyreumatique, boisée (cèdre, écorce)*
Lieux de prédilection : Aquitaine, mais aussi Languedoc,
Espagne, Italie, Californie et Australie

Carignan (carignano)

Rustique, capiteux, linéaire, productif et rude.
*Flaveurs dominantes : animale, végétale, empyreumatique
(notes de cuir, de réglisse)*
Lieux de prédilection : Languedoc-Roussillon, Corse,
mais aussi Espagne

Cinsault

Fin, coloré, puissant, simple, vivant.
*Flaveurs dominantes : animale (cuir), fruitée (pruneau),
florale (rose rouge), empyreumatique (pointe de tabac)*
Lieux de prédilection : Languedoc-Roussillon,
mais aussi Midi-Pyrénées, Maroc

Cot (malbec, auxerrois)

Simple, rustique, souple, coloré et parfumé.
*Flaveurs dominantes : florale (rose rouge, pivoine),
fruitée (mûre, framboise), végétale, boisée*
Lieux de prédilection : France (Sud-Ouest), Argentine

Corvina veronese

Élégant, souple, mordant, souvent complexe et parfumé.
*Flaveurs dominantes : florale (pivoine, rose),
fruitée (noyau de cerise)*
Lieux de prédilection : provinces de Brescia et de Vérone

Dolcetto

Aimable, généreux, coloré, simple, souple avec
une légère pointe d'amertume.
*Flaveurs dominantes : fruitée (prune, coing, amande amère),
empyreumatique (chocolat)*
Lieu de prédilection : Piémont

Gamay noir

Naturel, charmeur, friand, simple et expressif.
Flaveurs dominantes : florale (pivoine), fruitée (petits fruits rouges)
Lieux de prédilection : Beaujolais, Loire

Grenache noir

Musclé, souple, rustique, capiteux, prompt à l'oxydation
mais gagne en complexité avec l'élevage.
Flaveurs dominantes: animale, fruitée, épicée, végétale
Lieux de prédilection: AOC méditerranéennes, spécialement
Banyuls, mais aussi Espagne

Mavrodaphni

Rustique, capiteux, généreux, original, moelleux et ancien.
Flaveurs dominantes: fruitée (fruits confits), épicée
Lieu de prédilection: Péloponnèse

Merlot

Universel, coloré, souple, rond, généreux, facile d'accès.
Flaveurs dominantes: fruitée, végétale, animale
Lieux de prédilection: Pétrus, mais aussi Aquitaine, France
(Sud-Ouest), Italie, Californie

Montepulciano

Coloré, robuste, épais, charnu, tannique, simple et généreux.
*Flaveurs dominantes: fruitée (cerise, pruneau), boisée, épicée
(réglisse)*
Lieux de prédilection: 45 provinces italiennes,
plus particulièrement les Abruzzes

Mourvèdre (monastrell)

Coloré, tannique, aromatique, profond, détaillé, individualiste,
robuste, affirmé et colérique.
*Flaveurs dominantes: animale (cuir), épicée, empyreumatique,
fruitée (prune, petits fruits rouges et noirs)*
Lieux de prédilection: Provence (Bandol),
mais aussi Languedoc-Roussillon et Espagne

Nebbiolo

Racé, tannique, astringent, capricieux, exigeant,
profond et complexe.
*Flaveurs dominantes: florale (rose), empyreumatique
(fumée, goudron), végétale (truffe)*
Lieu de prédilection: Piémont, autour
des communes de Barolo et de Barbaresco

Négrette

Coloré, frais, bien constitué, aromatique et original.
Flaveurs dominantes: épicée, florale
Lieu de prédilection: France (Sud-Ouest)

Nero d'Avola

Original, fier, coloré, charnu, juteux avec de l'épaisseur.
Flaveurs dominantes : fruitée (datte, figue, cerise presque confite),
empyreumatique (fumée), épicée
Lieu de prédilection : Italie (Sicile)

Pedro Ximénez (P. X.)

Voluptueux, hautement savoureux mais simple d'expression,
sucrosité élevée, adaptabilité à la chaleur.
Flaveurs dominantes : fruitée (raisin sec, figue),
épicée avec une pointe de mélasse
Lieu de prédilection : Andalousie

Petit Verdot

Racé, tannique, très coloré, pimenté, déterminé et parfumé.
Flaveurs dominantes : fruitée (petits fruits noirs), végétale
(goudron végétal), boisée, épicée, florale (rose rouge, violette)
Lieu de prédilection : Bordeaux

Pinot noir

Mystificateur, complexe, noble, sensuel, capricieux,
palette aromatique détaillée.
Flaveurs dominantes : fruitée (fraise), épicée (réglisse),
animale
Lieux de prédilection : spécialement Bourgogne, mais aussi
Champagne, Loire, Alsace, Allemagne, Italie, États-Unis et Australie

Sangiovese (nielluccio)

Nerveux, fin, racé, vivace, avec du piquant.
Flaveurs dominantes : florale (rose, violette), fruitée (cerise fraîche),
épicée avec une touche d'écorce
Lieux de prédilection : Toscane, Corse, mais aussi États-Unis

Syrah (shiraz)

Très colorée, aromatique, voluptueuse, puissante et riche en tanins.
Flaveurs dominantes : fruitée (prune, olive verte), florale (violette),
empyreumatique (poivre noir)
Lieux de prédilection : Rhône septentrional,
mais aussi Languedoc-Roussillon, Australie, États-Unis et Chili

Tannat

Très coloré, viril, acide, tannique, entêté, astringent et robuste.
Flaveurs dominantes : boisée, animale (cuir), fruitée (pruneau,
petits fruits noirs), épicée
Lieu de prédilection : Sud-Ouest de la France (Madiran),
mais aussi Pyrénées-Atlantiques et Uruguay

Tempranillo (tinto pais)
Coloré, vivant, fin, parfumé, structuré et complexe.
Flaveurs dominantes: florale, fruitée (fraise, mûre, cassis),
épicée (vanille, girofle), boisée, végétale
Lieux de prédilection: Rioja espagnole, Ribera del Duero

Teroldego
Coloré, corpulent, robuste, acidulé, simple et peu tannique.
Flaveurs dominantes: fruitée (framboise, amande amère), épicée,
végétale (tabac)
Lieux de prédilection: provinces italiennes du Trente et de Vérone

Touriga nacional
Très coloré, noble, aromatique, puissant, ardent
et peu tannique.
Flaveurs dominantes: fruitée (cerise au jus), florale,
épicée avec une pointe de tabac
Lieu de prédilection: Douro

Xynomavro
Vieux cépage, simple, complet, concentré,
très coloré.
Flaveurs dominantes: notes de fruits secs
(pruneau, datte, figue), fumée
Lieu de prédilection: Macédoine

Zinfandel (Primitivo)
Couleur d'encre, direct, riche, puissant, capiteux, expressif,
parfois monumental.
Flaveurs dominantes: herbacée, florale, fruitée
(canneberge, mûre, framboise bien mûre, prune)
Lieux de prédilection: États-Unis, Italie

Les
livres du vin

Essais scientifiques ou philosophiques, aperçus d'histoire, atlas géographiques ou ampélographiques, guides pratiques : la diversité des ouvrages sur le vin révèle que c'est un sujet qui coule dans toutes les directions en abreuvant bien des passions.

À la sélection proposée cette année s'ajoutent celles des guides antérieurs, toutes bien évidemment cotées selon mon barème habituel d'étoiles.

Ouvrages scientifiques

On le classe sans peine dans le rayon des livres scientifiques ; il tient pourtant aussi du roman d'enquête. C'est d'ailleurs le grand mérite de l'auteur journaliste Chandler Burr qui décortique, avec son personnage Luca Turin, un sujet qui pourrait en confondre plus d'un. *L'homme qui entend les parfums. L'étonnante redécouverte de Luca Turin,* publié aux éditions Autrement, se lit sans complexe ni risque de sombrer dans l'ennui tant le tout est raconté de façon claire et vivante. Le nez, cet inconnu, Burr a eu le flair ici de le faire « parler » pour qu'on l'« entende ». En espérant que, pour vous aussi, cet appendice que vous avez si mignon soit un éclaireur en matière de bons vins comme de judicieuses lectures ! ★★★ 1/2

Voici une autre histoire de parfums, écrite celle-là par Annick Le Guérer : *Les pouvoirs de l'odeur*, aux éditions Odile Jacob. Et elle nous vient de loin, cette histoire, de l'Antiquité plus précisément, traversant les siècles, effrayant au passage philosophes et psychologues souvent dépassés par la démesure de l'odeur tant sur le plan de la sexualité que sur celui de sa puissance symbolique entretenue par les mythes et les religions. Un livre très bien écrit, transparent comme la rosée aurorale sur un jardin de roses, qui fait aussi état des dernières percées sur le plan scientifique, en plus de faire un pont entre l'univers profane et l'univers savant. ★★★★

Essais/romans

Dix ans après *Le monde du vin : art ou bluff ?*, on sent que l'auteur français Guy Renvoisé s'est fait plaisir avec son dernier titre, *Le monde du vin a-t-il perdu la raison ?* (Éditions du Rouergue). L'auteur présente une foule de sujets sur lesquels il partage son expérience et son point de vue critique. L'histoire, la vigne, les techniques au chai, la dégustation sont bien sûr au nombre des sujets abordés, mais l'homme traque aussi les maux et mauvaises habitudes qui ont actuellement cours dans le vignoble français, que ce soit au niveau des techniques au chai, du traitement de la vigne, de la médiatisation du vin ou de ces nouvelles tendances, peu orthodoxes, selon l'auteur, avec l'idée qu'il se fait du vin en 2005. Il dénonce les façons de faire pour mieux restaurer l'intégrité du vigneron et de ses habitudes (ne lui parlez pas de la machine à vendanger qui maltraite actuellement 23 % du vignoble bourguignon !) et sait aussi reconnaître les qualités de ces vignerons qui font du bon boulot, partout dans l'Hexagone. Et il connaît beaucoup de monde ! Renvoisé passe en revue, dans la deuxième partie de son livre, les principales appellations françaises, y allant là aussi de ses griefs et de ses louanges : une bonne façon de connaître à son tour le vignoble, et ce, selon une perspective personnalisée. Seul hic : l'auteur ne semble pas encore être au fait de l'enthousiasme des Québécois pour le vin depuis les 15 dernières années ! Une visite s'impose donc chez nous, Monsieur Renvoisé ! ★★★

Beaux livres

Suédois et fou de champagne. Pourquoi pas ? En fait, l'auteur Richard Juhlin partage avec nous, dans son magnifique et délirant livre *4 000 champagnes* (Flammarion), un appétit du champagne lié aux conditions climatiques de son pays : « Le printemps va-t-il enfin venir ? Va-t-il faire suffisamment chaud dans ce pays pour qu'on puisse être assis à l'extérieur et étancher sa soif avec un blanc de blancs ? » Voilà des conditions climatiques qui ne vous sont pas étrangères, amis lecteurs, à moins que ce ne soit le vin de champagne qui vous soit étranger ! Dans ce cas, buvez ce livre visiblement rédigé par un passionné qui vous mettra la bulle à la bouche. Tout y est : histoire, terroirs, élaboration, classification, millésimes, de même qu'une description pertinente de tous les autres mousseux de par le monde et, surtout, de 4 000 champagnes dégustés, dont tous les détails sont relatés. Bref, non seulement un incontournable mais une référence en la matière. ★★★★

Il n'y a rien comme rêver. Et l'auteur Nicholas Faith rêve en grand avec son beau livre *Château Margaux* (Flammarion). Secondé par Jean Dethier et les sommeliers Georges Lepré, Markus del Monego et Shinya Tasaki, Faith retrace l'histoire du célèbre cru bordelais, du régisseur, le marquis de Berlon vers 1720 jusqu'à son dernier propriétaire, le mécène avisé André Mentzelopoulos. Les superbes photographies et les textes bien documentés défilent tout au long des pages, sans jamais lasser l'œil ni assombrir l'esprit. À défaut de savourer le vin rare et hors de prix, savourez le livre et flairez le rêve au passage…

Demeurons en Gironde avec **Bordeaux, Grands crus classés 1855-2005** (Flammarion), d'un collectif de plumes – Jean-Paul Kaufmann, Hugh Johnson, Dewey Markham Junior, Cornelis Van Leeuwen et Franck Ferrand – , sobrement illustré par le photographe Christian Sarramon. Pour chacun des crus classés de 1 à 5, le paysage historique et contemporain de chacun des châteaux est évoqué sans forcer la note, avec cette sobriété typique de l'environnement bordelais. À la suite de cette lecture, il ne vous reste plus qu'à énumérer par cœur et dans l'ordre tous ces crus proposés en 1855 par les courtiers à l'Exposition universelle de Paris, même si certains d'entre vous hésiteront à reconnaître la hiérarchie présentée comme étant toujours d'actualité.

Guides pratiques

Elle est pas belle, la France ? À coup sûr, les journalistes Olivier Poussier, Bernard Burtschy et Antoine Gerbelle nous la font saliver avec la livraison du 11e **Classement des meilleurs vins de France 2006** (La Revue du vin de France). Conçu et mené de main de maître depuis une décennie par les dégustateurs Michel Bettane et Thierry Desseauve qui, cette année, l'ont délaissé pour s'atteler à de nouveaux projets, LE guide de référence français, mené désormais par les trois mousquetaires cités plus haut auxquels s'ajoute le journaliste Olivier Poels, poursuit dans la même lignée éditoriale. Sa mission : « Identifier les meilleurs producteurs et nommer des chefs de file pour que les consommateurs, mais aussi les producteurs, puissent s'y reconnaître.» Voilà un collectif d'auteurs dont les compétences combinées en matière de dégustation assurent à la fois objectivité et crédibilité à l'ensemble. Que des vins français, oui, mais qui s'en plaindrait? Ainsi, 57 domaines font leur entrée dans l'édition 2006, venant enrichir une sélection pointue de 343 producteurs classés une étoile et 175 producteurs classés 2 étoiles, de même que 39 producteurs dont le classement 3 étoiles les place tout en haut de la hiérarchie qualitative. Sans compter les domaines «déclassés» cette année qui trouvent, ou non, leur place dans le guide. Bref, plus de 69 000 vins dégustés pour en retenir 6 891 qui sont cotés et commentés. Du travail bien fait! ★★★★

2000 mots du vin,
Michel Dovaz (Hachette) ★★★

Arômes du vin,
Michaël Moisseeff et Pierre Casamayor (Hachette) ★★★

Dictionnaire des vins de France
(Les livrets du vin, Hachette) ★★★

Dictionnaire encyclopédique des cépages,
Pierre Galet (Hachette) ★★★★★

Encyclopédie des crus classés du Bordelais,
Michel Dovaz (Julliard) ★★★ 1/2

Encyclopédie du vin,
Jancis Robinson (Hachette) ★★★★ 1/2

Grand atlas des vignobles de France,
Benoît France (Solar) ★★★★ 1/2

La cote des vins 2003,
Arthur Choko (Éditions de l'amateur) ★★★ 1/2

L'atlas mondial du vin,
Hugh Johnson et Jancis Robinson (Flammarion) ★★★★★

Le livre des cépages,
Jancis Robinson (Hachette) ★★★★

L'encyclopédie mondiale du vin,
Tom Stevenson (Flammarion) ★★★★

L'encyclopédie touristique des vins de France
(Hachette) ★★★ 1/2

Les Bordeaux, un atlas,
Hubrecht Duijker et Michael Broadbent (Gründ) ★★★★

Le vin bio, mythe ou réalité?,
Jean-François Bazin (Hachette) ★★★ 1/2

Le vin, de la vigne à la dégustation,
Joanna Simon (Solar) ★★★★

Le vin et les jours,
Émile Peynaud (Grande Bibliothèque Payot) ★★★★

Le vin face à la mondialisation,
Jean-Pierre Deroudille (Hachette) ★★★ 1/2

Le vin, une histoire de goût,
Anthony Rowley et Jean-Claude Ribaut
(Découvertes Gallimard) ★★★

Mes aventures sur les routes du vin,
Kermit Lynch (Payot) ★★★ 1/2

Nouveau guide des vins d'Italie,
Jacques Orhon (Les Éditions de l'Homme) ★★★

Petit Larousse des vins
(Larousse) ★★ 1/2

Pour qui sonne l'Angélus, Noces d'or à Yquem et
Mission à Haut-Brion,
Jean-Pierre Alaux et Noël Balen (Fayard) ★★★

Saveurs complices des vins et des mets,
Philippe Faure-Brac (édition Epa) ★★★ 1/2

Une histoire mondiale du vin,
Hugh Johnson (Hachette) ★★★★ 1/2

Index
des vins cités

Les numéros en **gras** renvoient aux fiches descriptives.

A

Absolut Citron ▶ **175**

Alambre 2000 ▶ **160**

Alambre Moscatel de Sétubal 2000 ▶ 230

Amarone della Valpolicella Classico Tedeschi 2001 ▶ **197**

Amontillado 51-1A ▶ 45

Amontillado del Duque ▶ 47

Amontillado Jalifa ▶ 46

Anno Late Bottle Vintage 1998 ▶ **152**

Ardbeg single malt 10 ans ▶ **177**

Armagnac Tariquet V.S.O.P. ▶ **180**

B

Barolo 1999 ▶ 192

Barolo 2000 ▶ **192**

Baron D'Ardeuil 2000 ▶ **130**

Beaune Clos de la Féguine 2002 ▶ 238

Beaune Clos de la Féguine Jacques Prieur 2001 ▶ 236

Beaune Premier Cru Champs Pimont Domaine
      Jacques Prieur 2001 ▶ 236

Bellavista Cuvée Brut 2003 ▶ **69**

Belle de Brillet ▶ **163**

Ben Ryé 2002 ▶ **165**

Berger Pastis de Marseille ▶ **52**

Big House Red 2003 ▶ 21, **132,** 229

Bin 128 Penfolds Coonawarra shiraz 2001 ▶ **195**

Blanquettes de Limoux ▶ 230

Bonal 2003 ▶ 28

Borsao 2004 ▶ **114**

Bourgogne A. Rodet pinot noir 2003 ▶ **133**

Brentino 2003 ▶ **128**

Brillet Extra Vieux Pineau des Charentes ▶ **161**

Brillet Très Vieille Réserve Grande Champagne
     1ᵉʳ et Single Cru ▶ 172

Bristol Cream ▶ 45, **49**

Brolo di Campofiorin 2000 ▶ 127, **192**

Bruno Paillard Brut Première Cuvée ▶ **72**

Bruno Paillard Nec Plus Ultra ▶ 72

Bushmills Malt 10 ans ▶ **178**

Canasta Cream Superior Oloroso ▶ 46

Capitel Foscarino 2004 ▶ **187**

Carlos VII Amontillado ▶ **52**

Carmen Réserve Cabernet Sauvignon 2003 ▶ 34

Castello di Pomino 2004 ▶ **94**

Castillo de Liria 2004 ▶ 29, **105**

Castillo de Molina Reserva 2003 ▶ **129**

Catarratto Primula 2004 ▶ **80,** 224

Chablis Champs Royaux William Fèvre 2004 ▶ 229

Chablis Domaine des Malandes 2004 ▶ **97**

Chablis Grand Cru Grenouille 2002 ▶ **190**

Chablis Grand Cru Les Clos William Fèvre 2002 ▶ 30

Chablis Grand Cru Vaudésir 2002 ▶ **190**

Chablis La Vigne de la Reine Château
     de Maligny 2004 ▶ 20, **100**

Chablis Saint-Martin 2003 ▶ 229

Chambertin Grand Cru 2002 ▶ 237

Chandon Blanc de Noirs ▶ **67**

Chardonnay Buchholz Alois Lageder 2002 ▶ **99**

Chardonnay Errazuriz 2004 ▶ 227

Chardonnay Maison Nicolas 2004 ▶ **80**

Chardonnay Reserve Henry of Pelham 2004 ▶ **91**

Chardonnay Rosemount Estate 2004 ▶ 87, **89**

Chardonnay Sterling Vineyards 2003 ▶ 32

Chardonnay-Viognier Fetzer 2004 ▶ **85**

Charles Heidsieck Brut Réserve ▶ **70**

Château Bastor-Lamontagne 1998 ▶ **164**

Château Bellevue la Forêt 2004 ▶ 20, 34, 105, **106**

Château Bertinerie Bordeaux 2003 ▶ 30

Château Bonnet 2004 ▶ 225

Château Cazal Viel Vieilles Vignes 2003 ▶ **117**

Château Chantalouette Pomerol 1999 ▶ 31

Château Cluzan Sichel Bordeaux 2002 ▶ 33

Château de Beauregard Pouilly-Fuissé
« La Maréchande » 2001 ▶ **189**

Château de Chamirey Bourgogne 2002 ▶ 30

Château de Chamirey Mercurey 2003 ▶ **193**

Château de Chantegrive Cuvée Caroline 2002 ▶ **188**

Château de Cruzeau Lurton Bordeaux 2000 ▶ 32

Château de la Gardine 2001 ▶ **196**

Château de la Peyrade 2002 ▶ **160**

Château de Lastours 2002 ▶ **116**

Château de Montifaud X.O. ▶ 172

Château de Nages 2002 ▶ **84**

Château de Nages 2004 ▶ 28, **106**

Château de Nages Cuvée Joseph Torres 2001 ▶ 30

Château de Parenchère 2002 ▶ **134,** 223

Château de Valcombe Costières de Nîmes 2004 ▶ 29

Château des Jacques Moulin-à-Vent Jadot 2002 ▶ 31

Château des Matards 2003 ▶ 21, **124,** 226

Château du Cléray 2003 ▶ **84**

Château du Frandat 2000 ▶ 118

Château du Frandat 2001 ▶ **118**

Château Garraud 2002 ▶ **194**

Château Grand Moulin Vieilles Vignes 2001 ▶ **130**

Château Grinou Grande Réserve 2004 ▶ **92**

Château Jolys Cuvée Jean 2001 ▶ **161**

Château La Lieue 2004 ▶ 21, **120**

Château l'Ancien ▶ 194

Château la Tour de l'Évêque 2003 ▶ **131**

Château Le Castelot 2002 ▶ **195**

Château Les Hauts d'Aglan 2001 ▶ **133**

Château Lousteauneuf Art et Tradition 2002 ▶ **191**

Château Mauléon 2003 ▶ 228

Château Montaiguillon 2001 ▶ 139

Château Montaiguillon 2002 ▶ **139**

Château Montcontour Cuvée Prédilection 2001 ▶ 65

Château Montcontour Cuvée Prédilection 2002 ▶ **65**

Château Nénine 2001 ▶ 128

Château Nénine 2002 ▶ **128**

Châteauneuf-du-Pape E. Guigal 2001 ▶ 32

Château Pelan Bellevue Bordeaux Côtes de Francs 2000 ▶ 32

Château Pennautier 2003 ▶ 227

Château Pesquié Les Hauts du Parandier 2001 ▶ **137**

Château Pesquié Les Hauts du Parandier 2003 ▶ 137

Château Prieuré de Bubas 2003 ▶ 114

Château Prieuré de Bubas 2004 ▶ 20, **114**

Château Puy-Landry 2001 ▶ **125**

Château Reynon Bordeaux 2002 ▶ 30

Château Roquebrun 2002 ▶ **136**

Château Roquebrun 2004 ▶ **94,** 230

Château Roquetaillade La Grange 2004 ▶ **86,** 223

Château Sainte-Eulalie Cuvée Tradition 2003 ▶ 225

Château Saint-Martin La Garrigue ▶ 31

Château Saint-Roch 2003 ▶ **132**

Château Villerambert Julien ▶ 105

Chéreau Carré Réserve numérotée 2004 ▶ **83**

Chevalier-Montrachet 2002 ▶ 239

Chinon «La Coulée Automnale» Couly-Dutheil 2003 ▶ 30

Chivas Regal 12 ans ▶ **176**

Christian Moueix Merlot 2001 ▶ 21, **125**

Clos La Coutale 2003 ▶ **124**

Clos Tonnerre Premier Cru 2000 ▶ **197**

Clos Tonnerre Premier Cru 2002 ▶ 197

Codorniu Clasico Brut ▶ **63,** 226

Codorniu Cuvée Raventos Brut ▶ **64**

Cognac Augier 1989 ▶ 172

Cognac Courvoisier V.S.O.P. Fine Champagne ▶ **181**

Cognac Gaston de la Grange X.O. ▶ **183**

Cognac Hennessy Paradis ▶ 172, **183**

Cognac Hine, Cigar Reserve ▶ 172

Cognac Napoleon Château de Montifaud ▶ **182**

Cognac Rémy Martin V.S.O.P. ▶ 172, **182**

Coldstream Hills 2002 ▶ **193**

Concha Y Toro Sauvignon Blanc Vendanges
    Tardives 2002 ▶ **159**

Condado de Haza 2002 ▶ **191**

Corton-Charlemagne 2002 ▶ 239

Côtes de Saint-Mont Labriole 2003 ▶ **118**

Côtes de Saint-Mont Labriole 2004 ▶ **81**

Côtes du Rhône E. Guigal 2001 ▶ **134**

Côtes du Rhône E. Guigal 2002 ▶ 134

Côtes du Rhône E. Guigal 2003 ▶ 134

Coudoulet de Beaucastel 2002 ▶ 123

Creso Bolla 1999 ▶ 32

Cruz de Piedra 2004 ▶ 20, **117**

Cúmaro 2001 ▶ **194**

Cumulus 2000 ▶ **126,** 229

Cumulus 2001 ▶ 126, 229

Cuvée Bacchus Pfaffenheim 2004 ▶ 225

Cuvée Charles Dupuy 2001 ▶ 164

Cuvée Dame Honneur
du Château Lagrézette 2001 ▶ **198**

Cuvée Dame Honneur
du Château Lagrézette 2002 ▶ 198

Cuvée Flamme ▶ **66**

Cuvée Ghuillem 2003 ▶ 229

Cuvée Privilège 1997 ▶ 164

Cuvée Raphaël 2002 ▶ 134, 223

Dancing Bull 2004 ▶ **89**

De Saint Gall Premier Cru Blanc de Blanc Brut ▶ **69**

Dogajolo Carpineto 2004 ▶ 33

Dolcetto d'Alba Pio Cesare 2004 ▶ **139**

Dom Pérignon 1996 ▶ **75**

Domaine Carneros Taittinger 1996 ▶ 59

Domaine Cauhapé Symphonie de novembre
Jurançon 1999 ▶ 163

Domaine Cauhapé Symphonie de novembre
Jurançon 2000 ▶ 163

Domaine Cauhapé Symphonie de novembre
Jurançon 2001 ▶ **163**

Domaine de Fourn 2001 ▶ 64

Domaine de Fourn 2002 ▶ **64,** 230

Domaine de Gournier 2004 ▶ 34

Domaine de la Charmoise Marionnet 2003 ▶ **127**

Domaine de la Moussière 2004 ▶ **188**

Domaine de l'Île Margaux Bordeaux 2002 ▶ 31

Domaine de Moulines 2004 ▶ **115**

Domaine du Cros Marcillac 2004 ▶ **122**

Domaine du Lys 2004 ▶ 28, **105**

Domaine du Salvard 2004 ▶ **90**

Domaine du Tariquet Sauvignon 2004 ▶ 34

Domaine du Vieil Aven Tavel 2004 ▶ 29

Domaine Haut-Saint-Georges Corbières 2002 ▶ 33

Domaine Tour Vieille Réserve ▶ 224

Dona Antonia Réserve Personnelle Tawny ▶ **153**

Dow's Late Bottle Vintage 2000 ▶ **151**

Dry Sack Medium Dry Williams & Humbert ▶ 46

Du Minot des glaces Cidre de glace mousseux 2003 ▶ **68**

DVX Mumm Cuvée Napa ▶ 56

Échezeaux Grand Cru Jacques Prieur 2002 ▶ 237

Errazuriz ▶ 227

Fiddlers Creek 2002 ▶ **121**

First Estate Reserve Port ▶ **151**

Fontanafredda Barbera d'Alba 2003 ▶ **120**

Forest Glen 2003 ▶ **138**

Fortant de France Merlot 2004 ▶ 33

Framboise Sauvage Massenez ▶ **179**

Fruit défendu Cidre fort perlant ▶ **50**

Fumaio 2004 ▶ 228

Gamay Henri Marionnet 2004 ▶ 227

Gaston de Lagrange VSOP ▶ 172

Gato Negro 2005 ▶ **113**

Gautier Pinar del Rio Cigar Blend X.O. ▶ 172

Gentil "Hugel" 2003 ▶ 29, **90**

Gewurztraminer Dopff & Irion 2004 ▶ **95**

Glengoyne 17 ans single malt ▶ **178**

Graham's Six Grapes Vintage Character ▶ **153**

Gran Coronas 2000 ▶ 135
Gran Coronas 2001 ▶ **135**
Grape Brandy Distillato di Uva Moscato 2002 ▶ **173**
Grape Brandy Distillato di Uva Vespaiolo 2002 ▶ **174**
Grappa di Bassano ▶ **173**
Grappa Fragolino Monovitigno ▶ **174**
Gratien Cuvée Paradis Brut ▶ 224
Grenache blanc L'If 2003 ▶ **88**

H

Hennessy Very Special Cognac V.S. ▶ **181**
Hennessy X.O. ▶ 172
Henri Bourgeois Pouilly-Fumé 2004 ▶ **187**
Hermanos Lurton 2004 ▶ **87,** 228
Highland Park 12 ans single malt ▶ **177**
Hine, Rare & Delicate Fine Champagne ▶ 172
Hine, Triomphe ▶ 172
Hoya de Cadenas Réserve 2001 ▶ 28
Hugues de Beauvignac 2004 ▶ 227

I

I Capitelli 2003 ▶ **162**
I Monili Pouilles 2003 ▶ 29

J

Jacquesson Blanc de Blancs Brut 1995 ▶ 224
J. Carrau Pujol Gran Tradicion 2001 ▶ **121**

K

Koonunga Hill 2005 ▶ **87**

La Cuvée du Diable ▶ **49**

La Ina ▶ 45

Le Cigare Volant 2001 ▶ **198**

Les Baronnes sancerre Henri Bourgeois 2004 ▶ 30

Les Champs Royaux Chablis William Fèvre 2004 ▶ 33

Limestone Coast 2002 ▶ **140**

L'Opéra de Villerambert Julien 2002 ▶ **119**

L'Opéra de Villerambert Julien 2003 ▶ 119

L'Orangerie de Pennautier 2004 ▶ **116**

Louis Roederer Brut Premier ▶ **71**

Macon-Uchizy Thalmard Bourgogne 2003 ▶ 31

Malvasia Bianca Ca' del Solo 2004 ▶ **96**

Manzanilla Solera «Papirusa» ▶ 46

Marnier X.O. Grande Fine Champagne ▶ 172

Marquis de Chasse Bordeaux 2004 ▶ 31

Martinez Tawny 10 ans ▶ **156**

Mas Amiel Prestige 15 ans d'âge ▶ **164,** 224

Mas Collet 2001 ▶ 131

Mas Collet 2002 ▶ **131**

Mas Collet 2003 ▶ 131

Maximin Grünhäuser
    Abtsberg Reisling Kabinett 2001 ▶ **189**

Menetou-Salon Chavet 2004 ▶ 32

Mercurey Michel Juillot 2002 ▶ 230

Mercurey Michel Juillot 2003 ▶ 230

Meursault Clos de Mazeray 2002 ▶ 238

Meursault Clos de Mazeray Domaine
    Jacques Prieur 2001 ▶ 237

Meursault-Perrières Premier Cru 2002 ▶ 238

Mission Hill 2004 ▶ 226

Modello Masi 2004 ▶ 33

Moët & Chandon Nectar Impérial ▶ **74**

Montrachet 2002 ▶ 239

Muscat Cuvée Diane Pfaffenheim 2003 ▶ **98**

Muscat de Rivesaltes 2002 ▶ **162**

Muscat Réserve Pierre Sparr 2003 ▶ **95**

Napoléon Spécial Cigare, Château Montifaud ▶ 172

Neige La Face Cachée de la Pomme ▶ **159**

Nino Franco Brut ▶ **66,** 229

Nipozzano Riserva 2002 ▶ **137**

Nipozzano Riserva 2003 ▶ 137

Nivole 2004 ▶ **63**

Noilly Prat vermouth sec ▶ **48**

Offley 10 ans ▶ **154**

Offley Cachucha ▶ **149**

Offley Colheita 1990 ▶ **155**

Oloroso Bailen ▶ 46

Oloroso dulce Matusalem ▶ 47

Oloroso Emperatriz Eugenia ▶ 46

Oloroso Sibarita ▶ 45

Ormarine Carte Noire 2004 ▶ 227

Ornato Pio Cesare 2000 ▶ **199**

Otard 1975 Extra ▶ 172

P

Pale Dry Fino Quinta ▶ **48**

Palo Cortado Almacenista ▶ 46

Palo Cortado Apostoles ▶ 47

Palo Cortado Capuchino ▶ 45

Parallèle «45» Jaboulet 2003 ▶ 29

«Pata de Galina» ▶ 46

Perdera Argiolas 2004 ▶ 28, **123**

Perrin Réserve 2003 ▶ **123**

Perrin Réserve 2004 ▶ 123

Pétale de Rose 2004 ▶ **107**

Picpoul de Pinet Hugues de Beauvignac 2004 ▶ **82**

Pineau des Charentes Château de Beaulon ▶ 50, **51**

Pineau des Charentes Château de Beaulon
Vieille Réserve Or 10 ans ▶ **54**

Pineau des Charentes Château Montifaud 1997 ▶ **53**

Pineau des Charentes Marnier ▶ **50**

Pineau des Charentes Rémy Martin ▶ **53**

Pino & Toi 2004 ▶ 33, **92**

Pinot Blanc Deinhard 2003 ▶ **81**

Pinot grigio Le Rosse 2004 ▶ **88,** 224

Pinot gris Bodega
Jacques & François Lurton 2005 ▶ 19, 28, **86**

Pinot noir Michel Laroche 2003 ▶ 228

Poire Williams Massenez ▶ **179**

Pol Roger Brut Réserve ▶ **70**

Pomerol J.P. Moueix 2000 ▶ 30

Pomme de Glace ▶ **54**

Pommery Brut Apanage ▶ **72**

Pommery Brut Rosé ▶ **73**

Pommery Brut Royal ▶ **71**

Porto Blanc Ferreira ▶ **148**

Porto Blanc Taylor ▶ **149**

Porto Fonseca Guimarens blanc ▶ **148**

Porto Fonseca Vintage 2000 ▶ **158**

Porto Late Bottle Vintage 2000 ▶ **152**

Porto Messias 1982 ▶ **156**

Porto Niepoort Junior Tawny ▶ **150**

Porto Offley Tawny 20 ans ▶ **157**

Porto Tawny 10 ans ▶ **155**

Pouilly-Fumé P. Jolivet 2004 ▶ 32

Prestige de Moingeon ▶ **67**

Prince Probus Clos Triguedina 1999 ▶ **196**

Puligny-Montrachet Premier Cru
    Les Combettes Jacques Prieur 2001 ▶ 238

Quinta de Ervamoira Tawny 10 ans ▶ **157**

Quinta do Infantado Meio-Seco Ruby ▶ **150**

Quinta dos Roques 2002 ▶ **126**

Ramos Pinto Porto LBV 1998 ▶ **154**

Rasteau Cave de Rasteau 2004 ▶ 31

Rawson's Retreat 2005 ▶ **83**

Rémy Martin X.O. ▶ 172

Réserve Spéciale Barons
    de Rothschild Bordeaux 2002 ▶ 32

Réserve Spéciale Michel Vallet,
    Château de Montifaud ▶ 172

Rhum Saint James Ambré ▶ **184**

Riesling "Hugel" 2003 ▶ **93**

Riesling Réserve Léon Beyer 2002 ▶ 93

Riesling Réserve Léon Beyer 2003 ▶ **93**

Roederer Cristal Brut 1999 ▶ **75**

Roederer Estate ▶ 59, **68,** 72

Ruinart Brut ▶ 224

S

Saint-Véran Bourgogne Jadot 2002 ▶ 33
Saint-Véran Combe aux Jacques 2002 ▶ **98**
San Vincenzo Anselmi 2004 ▶ 19, **91**
Santa Rita Cabernet Sauvignon 2005 ▶ 34
Sauvignon blanc Château Haut Bertinerie 2002 ▶ **99**
Sauvignon blanc Oyster Bay 2005 ▶ **96**
Serego Alighieri Possessioni Bianco 2004 ▶ **85**
Serego Alighieri Possessioni Rosso 2003 ▶ **127**
Sieur d'Arques Brut 2001 ▶ **65**
Sonoma County 1999 ▶ **138**
Sous les Balloquets Brouilly 2004 ▶ **136**
Sumac Ridge 2003 ▶ 226

T

Taylor Fladgate Tawny 20 ans ▶ **158**
Tedeschi Valpolicella 2003 ▶ **122**
Teroldego Rotaliano 2004 ▶ **119**
Terra Vecchia 2003 ▶ 115
Terra Vecchia 2004 ▶ **115**
Tio Pepe ▶ 47, 48, 226
Tokay pinot gris Pfaffenheim 2004 ▶ 31
Torres 10 ans Imperial Brandy ▶ **180**
Torrontes Privado 2005 ▶ 34
Torrontes Privado Etchart 2005 ▶ **82**
Torus 2003 ▶ 28, **129**
Torus 2004 ▶ 129
Trumpeter 2004 ▶ 227

Vénérable P.X. ▶ 46

Very Dry Palomino Fino ▶ **51**

Veuve Clicquot Ponsardin Brut ▶ **73**

Veuve Clicquot Ponsardin Rosé Réserve 1998 ▶ **74**

Vidal Select Late Harvest 2004 ▶ 229

Vides ▶ 46

Vila Regia 2003 ▶ **113**

Vin Soave Inama 2003 ▶ **97**

Vineland Cabernet Sauvignon 2003 ▶ **135**

Vodka Belvedere ▶ **176**

Vodka Ketel One ▶ **175**

Volnay Premier Cru Champans 2002 ▶ 236

Volnay Premier Cru Clos des Santenots 2002 ▶ 236

Notes de dégustation

_____

_____

_____

_____

_____

_____

_____

_____

_____

_____

_____

_____

_____

_____

_____

NOTES DE DÉGUSTATION

_____

_____

_____

_____

_____

_____

_____

_____

_____

_____

_____

_____

_____

_____

_____

_____

NOTES DE DÉGUSTATION

_____

_____

_____

_____

_____

_____

_____

_____

_____

_____

_____

_____

_____

_____

NOTES DE DÉGUSTATION

_____

_____

_____

_____

_____

_____

_____

_____

_____

_____

_____

_____

_____

_____

_____

_____

NOTES DE DÉGUSTATION

_____

_____

_____

_____

_____

_____

_____

_____

_____

_____

_____

_____

_____

_____

_____

_____